认知破圈

跳过66个成长陷阱

陈亚明 著

中国致公出版社 · 北京

图书在版编目（CIP）数据

认知破圈：跳过 66 个成长陷阱 / 陈亚明著 .
北京：中国致公出版社，2024.10 --ISBN 978-7
-5145-2015-6

Ⅰ. B848.4-49

中国国家版本馆 CIP 数据核字第 202494WS30 号

认知破圈：跳过 66 个成长陷阱 / 陈亚明 著

RENZHI POQUAN：TIAOGUO 66 GE CHENGZHANG XIANJING

出　　版	中国致公出版社 （北京市朝阳区八里庄西里 100 号住邦 2000 大厦 1 号楼西区 21 层）
发　　行	中国致公出版社（010-66121708）
作品企划	乐律文化
责任编辑	王福振
特约编辑	范　娟
责任校对	吕冬钰
装帧设计	呦鹿 1015838109@qq.com · 永有熊
印　　刷	三河市嘉科万达彩色印刷有限公司
版　　次	2024 年 10 月第 1 版
印　　次	2024 年 10 月第 1 次印刷
开　　本	880 mm × 1230 mm　1/32
印　　张	8.625
字　　数	163 千字
书　　号	ISBN 978-7-5145-2015-6
定　　价	59.80 元

序言
PREFACE

说实话，在写这本书之前，我不是没有犹豫过。很多人对我讲，现在时代不同了，“90后”“00后”的价值观与“50后”“60后”完全不一样，本书中的高频词汇——目标、奋斗、努力、学习、自律……在崇尚“佛系”、热衷于“躺平”的当下，简直就是年轻人的雷区；我们眼中的“苦口婆心”“毕生经验”，在他们看来可能都是些居高临下的陈腐说教，“爹味”太重。那么，写这样一本书还有意义吗？

虽然仁者见仁，智者见智，但我想，这世间总有些人类永恒不变的共识，总有些大家都普遍接受的原则，来支撑着这个世界变得更好，来支撑着我们的人生变得更好。对于大多数年轻人来讲，即使口中念叨着“佛系”“躺平”，他们骨子里还是渴望收获成长，希望经营好自己的一生。

现代管理学之父彼得·德鲁克说过："如果把人生比作一家企业，我们就是自己这家企业最好的管理者。"优秀的企业离不开管理者妥善的经营，同样，一个人也只有经营好了自己，才有可能过上自己想要的理想人生。对于不同的人而言，所谓的"理想人生"也不尽相同，或是赚钱有道，积累财富；或是帮助他人，赢得名誉；或是发挥特长，实现梦想；或是收获爱情，养育子女……虽然所欲不同，但不断获得个人成长大抵是每一个人的愿望。

成长是人类的基本欲求之一，它能够给我们带来实现自我价值的满足感，让我们获得能力和技能的提升以及得到更多的机遇和收益。马斯洛的需求层次理论将成长需求分为三个层级：基本生活层次（物质需要）、心理需求层次和自我实现层次。当人们逐层实现自我成长的时候，他们会感受到一种由衷的幸福感，因为他们已经实现了自己的梦想和价值。

反过来，当你的人生没有目标，没有成长，一生只能维持满足低层次的生存需求时，你便很难获得人生的圆满。在我三十余年的工作经历中，我见识了太多这样的案例。成功者的成功或许千篇一律，但失败者的失败却是各不相同。他们有的在起步时就制定了错误的目标；有的是闷头发力没有及时自省；有的则是闭门造车，被时代抛弃。成功的大道从来都不是平坦的，路上的陷阱数不胜数。如果在落入深渊之际，有人能够发声提醒一下，有人能伸出手来拉上一把，他们也许不会一直碌碌无为。

我想做那名发声者。我想做那名伸手者。

所以才有了这本书。这本书不是一个高高浮在空中、引导你走向“绝对成功”的指南针，它只是一盏灯，稳稳地照着你不断前行的路，向你警示那些吞没了无数人的陷阱。

最后，感谢读者朋友的厚爱。我此前出版的《团队沟通：从新手到高手》和《精进成长：118 条高效工作法则》两本记录职场感悟的书被很多人看成“职场小白”教科书、说明书，一度成为当当网的畅销书，希望大家继续喜欢这本书。

目录
CONTENTS

第一章 胸无目标
有方向才会出发，有目标方能抵达

挥霍光阴 第四章

时间是生命的琴弦，管理得当才会奏出和谐乐章

畏难苟安
人生无安稳的彼岸，只有挑战与机遇交织的波涛

第八章

鼠目寸光
没有远见看不到局限，没有卓识改变不了未来 第九章

第十章 不善输出

会表达才会被人看见，会输出才能体现价值

忽视复盘
复盘既是往后看，更是为了往前看

第十一章

宽以待己
吃不了自律的苦，就得受平庸的罪
第十二章

第一章 胸无目标

》有方向才会出发，有目标方能抵达

要想获得理想人生，树立正确、清晰的目标至关重要。正确、清晰的目标可以激励我们努力工作、热情生活，是我们不断前进的动力源泉。正如美国作家、励志成功大师拿破仑·希尔所说的那样，没有目标的生活就像没有指南针的航行一样，失去方向，难有所成。

现实中，总有人认为设立人生目标有点“假大空”，他们每天只是按部就班地混日子，在本该奋斗的阶段早早选择了“躺平”，还自我安慰：我只是个普通人而已，何必胸怀大志呢？

这些人就这样无声无息地落入了个人成长的陷阱当中，却不知实现卓越人生的秘密武器，正在于这个“目标”，它不一定要“高大上”，但一定要准确清晰，且要能指导自己的行为。

人的行为本身就具有目的性。政治家是“家事国事天下事，事事关心”，而企业家是“你事我事他人事，事事分清”。每个人的目标不同，志向不同，所追求的事物也不一样。目标，或者理想、志向、愿景，无论怎么称呼，它们都是一个人内心最深处、最执着的愿望，是深入内心、铭刻在潜意识中，并且让人真正关注、热切渴望达成的事情。你无法回答“为什么要这样做”，你只是想要这么做。目标越清晰，自我承诺越坚定，行动也就越果断。

哈佛大学曾在 1970 年进行过一次“精英人生轨迹实验”。在毕业典礼上，学校对毕业生们做了一次调查。调查显示，在这批毕业生中，3% 的人有清晰的长期目标，10% 的人有清晰的短期目标，60% 的人目标模糊，27% 的人没有目标。25 年后，哈佛大学联系到这批毕业生，了解他们的生活现状，结果发现，在调查中占 3% 的那批有清晰的长期目标的人，很多都成了社会各界的优秀人士，他们中不乏白手起家的创业者、行业领袖与社会精英；占 10% 的有短期目标的人，大多成了行业内不可或缺的人才，如医生、律师、工程师、高级主管等；占 60% 的目标模糊的人，大多过着安稳的生活，有着稳定的工作；而占 27% 的没有目标的人，几乎都生活得不算如意，长期徘徊在温饱边缘。

这个实验证明了在人的一生中，正确、清晰的目标是何其重要。正所谓有方向才会出发，有目标方能抵达，为了正确地出发，我们需要避免以下五种心态和行为。

1 识己不清
找准天赋所在，找到热情之源

案例

克里斯在读书时就展现出了在数字上面的天赋：第一次玩魔方，就能凭借逻辑推理能力轻松将它复原。然而贫困的家庭无法支持他读大学。成年后，他开始从事医疗器械的推销工作，每天五点多就要起床，醒来后的第一件事就是打电话联系客户。尽管如此卖力，但克里斯其实并不适合与人打交道，他在推销时屡屡被拒之门外，销售业绩连续几个月垫底。后来，他甚至都负担不起房租和儿子的学费，无法维持一家人的基本生活所需。

有一天，克里斯提着医疗器械在证券公司门口推销，碰到一个看起来很成功的人，对方停下来和他闲聊。他随口问道："你是做什么工作的？"那人指了指前方的证券公司，回答道："我是一名股票经纪人。"他低下头，小声说："要上大学，才能做股票经纪人吧？"对方说："不用，只需要精通数字。"

听到这句话，克里斯回想起自己当年在数学上展现出来的天赋，于是下定决心转行。他利用业余时间学习，不错过每一个培训机会，最后顺利通过了证券公司的实习面试，成为一名股票经纪人。他在这条路上潜心耕耘，最终让全美国都知道了克里斯·加德纳——以一名知名金融投资专家的身份。

分析

《原则》的作者瑞·达利欧说，大多数人犯下的最大错误是没有客观地看待自己以及他人，这导致他们一次次跌倒在自己的弱点上，极少数人之所以能取得成功，是因为他们能够超越自身，客观地看待事物，并洞察事物的本质。

正如案例中的克里斯，因为出身和眼界的限制，他没能在一开始就认清自己，察觉到自己在数字方面的天赋，而错误地选择了“成为推销员”的目标，导致了前半生的穷困潦倒。

中国传统文化中强调天道酬勤，提出只要刻苦用功就能成功，要吃得苦中苦，方为人上人，甚至为此“头悬梁、锥刺股”，付出极高的代价。

实际上，要想取得真正的成功，光靠勤奋和刻苦是远远不够的。它需要我们有更全面的视野和深入的思考，需要我们付出持之以恒的热情和专注。因此，不找到自己能充分发挥优势的潜力区域，不找到自己能长期投身其中的热情之源，想实现自己的理想和价值是难乎其难的。

克里斯前半生的潦倒和他后半生的境遇就是一个鲜明的对比，而带来这种质变的根本原因，就是他终于正确认识到了自己擅长、喜欢的领域是什么，自己要长期为之奋斗的目标是什么。

尝试

在《名哲言行录》里，有人问泰勒斯："世界上最难的事是什么？"他不假思索地回答："认识你自己。"这五个字到底难在何处？

使用计算机的人都知道，每隔一段时间重新安装一下操作系统，可以让计算机运行得更快，性能更优良。其实，对于人而言也是如此，我们需要去不断地迭代更新对自己的认知，科学地评估自己每一个行为的进展，了解自己每一个行为所产生的效果，才能不断去修正自己的目标。

那么到底怎样做才能正确认识自己呢？段芳在《无畏成长：新职场女性成长 7 堂课》一书中提到的三个方法或许会对

我们有所帮助。

（1）冥想

在大脑中憧憬想象你未来 5 年或者 10 年最期待的画面，然后将这些画面写在纸上，并写下感受。

（2）将愿景清单视觉化

写下你想要拥有的一切，也可以将其画在纸上，涂上颜色，或从杂志上剪下相关图纸贴上，丰富人生愿景图。

（3）参考榜样人物

找 3 ～ 5 个感兴趣并欣赏的人物对象，写下他们最吸引你的特征、成就及他们的本领、优势，再比较你与他们的差距，分析实现目标的路径。

2 规则固守
不屈从世俗，不“谋杀”初心

案例

许懿的梦想是做一名艺人，不是盲目地喜欢那种光鲜的生活，而是因为她真的喜欢唱歌、主持、表演。大学期间她还在电视台和广播电台实习过，多少次熬夜、挨骂、在寒风中赶车，她都坚持了下来。但许懿每次想起实习期间的这些艰辛往事都没有一点难过，反而只清晰记得这些艰辛中的趣事，以及被领导肯定、被导演喜欢、被观众欢迎的感觉。

许懿觉得那个时候的自己是闪闪发光的，对人生充满希冀。但无奈，她父母比较保守，不接受她闯荡娱乐圈，觉得女孩子走和他们一样的路才是正途。许懿甚至无数次希望他们严词反对，从而激起自己的叛逆之心。但没有，他们话语温和，带着怜悯，带着恳求，一而再再而三地让她放弃成为艺人。

许懿最后妥协了，成为小城中的一名公务员。后来，在平淡如水的生活中，她无数次思考是什么让自己选择了放弃。是懦弱吧，怕将来混不出头来，怕竞争太激烈，怕自己不行，怕父母在讨论自己时受他人投来的轻蔑的眼神……其实，归根到底，还是自己放弃了，在别人的眼光中低下了头，在别人的反对中放了手。

分析

人从出生那一刻起，就处于周围环境潜移默化的影响下，大脑慢慢地被填满想法与概念。这些想法塑造了我们的认知，并很大程度上决定了我们的生活方式，使得我们在制定目标、面临选择时更趋向于固守规则。

决策心理学上有一个概念可以很好地解释这种现象，即规则遵循理论。这个理论认为，人在做出一个决定时，往往基于自己的身份，并依循自己身份所应遵守的规则来进行判断，这种做法使个体可以更好地适应周围的社会环境。比如，一名保守家庭中出生的女性在做未来职业规划时，她首先想到的是社会上普遍认为适合于女性的职业选择。实际上，这个所谓的普适性看法更多是社会和外部的期望加之于个人身上的，它不是个人自由探索的结果，但这种想法无形中给我们的思维限定了一个框架，阻碍了我们做更广泛、更深入的思考。

“我应该做什么”取代了“我想要做什么”，“我只能做什么”取代了“我擅长做什么”，这样制定目标看似是自己在选择，实则是屈从于社会的普遍看法罢了。“你一个女孩子，做这些事干吗啊？”“你一个技校毕业生，也想写论文？”这些看似遵循规则的想法束缚了我们的行动，让我们没有勇气去想、去做与众不同的事情，从而亲手“扼杀”了自己的初心。

尝试

史蒂夫·乔布斯说：“围绕着你的被称为‘生活’的一切，是由不比你更聪明的人所创造的。”跳出他人规则的重要对策就是要明白，他人的目光和判断无法改变自己的现状，只有让自己离开原来的视角才可以获得自由。哲学家亚当·斯密设计的“公正的旁观者”的方法，可以帮助你理性分析当前的情况。心理学家喜欢称这种为“自我疏离”，例如，上面案例中的许懿，在自身的梦想和父母的愿望中徘徊不定时，可以采取以下措施：

首先，找到三个或五个自己所恐惧的事（如竞争太激烈、自己不行、爸妈在讨论自己时受人轻蔑等）不可能发生的理由，这样恐惧程度就会立刻降低，因为你的认知从“它将会发生”

转变成了“它可能会发生，也可能不会”。

接着，要求自己列出三个或五个理由，说明为什么当它们发生时也可能成为好事。只要你解答了这个问题，你的想法就已经从“这件事会发生，实在太可怕了”转变为“这件事可能会发生，也可能不会发生，但就算发生了，它既会带来坏处也会带来好处”。这样你的心态就会从被动接受变为主动应对。

3 疲敝懈怠

激发动力和欲望，拒绝“躺平”

案例

刚好养得起自己的工资与散漫的性格，让小周独立于身边同龄人的内卷与焦虑之外，刷刷剧、打打游戏、看看小说，平凡又开心的日子仿佛永远不会结束。然而由于公司业务的调整，她突然间失业了。

工作四年，小周依旧以为自己还是那个刚毕业的充满朝气的小姑娘,信心满满地参加了多次应聘,但每一次都是无功而返。原来,四年懈怠的日子使小周徒增了年龄,却未增长阅历与技能。朋友在这几年里有通过注册会计师考试的、有入职公务员的、有升职加薪的、有创业从事个体经营的，反观自己无车无房无存款，现又被迫离职，只能每日深陷在找工作的焦虑中。

分析

这几年，面对社会压力，“佛系”“躺平”成了流行词，做一天和尚撞一天钟，踩点上班、到点下班的人也不在少数。虽然一定程度上，选择“佛系”“躺平”或许可以减少人们一定的精神内耗，使得生活不那么焦灼不安，但它不能成为我们逃避现实挑战的借口，也不应成为我们在平庸中心安理得的理由。

前奥美公关公司的全球首席执行官克里斯·格雷夫斯是行为经济学领域的知名专家，他提出要警惕一些人类天生的偏见：人们总是会低估在未来才能兑现的好处，这种现象被称为“时间贴现”。人们不愿意用当前的痛苦，比如更辛苦的工作、更低的薪水、更低的声望等，来换取未来的某样东西，即使未来的好处其实更加丰厚。人们还普遍有“损失厌恶”效应：对糟糕的后果和风险看得比好的方面更加清楚，美梦很模糊，噩梦却很清晰。

激发自己制定目标的动力，创造一个美好的未来，这种行为本质上是一种想象，而这种想象对成长却极为重要，是一个人奋斗的力量源泉和攻坚克难的精神支撑。

尝试

人们之所以更容易陷入疲敝懈怠之中，很大程度上是因为感觉目标中的景象离自己的现实生活太过遥远，不如从手头的游戏、电视剧中获取快乐那样容易。面对这种情况，用“剥洋葱法”分解目标是一种较为常见且容易实施的方法。

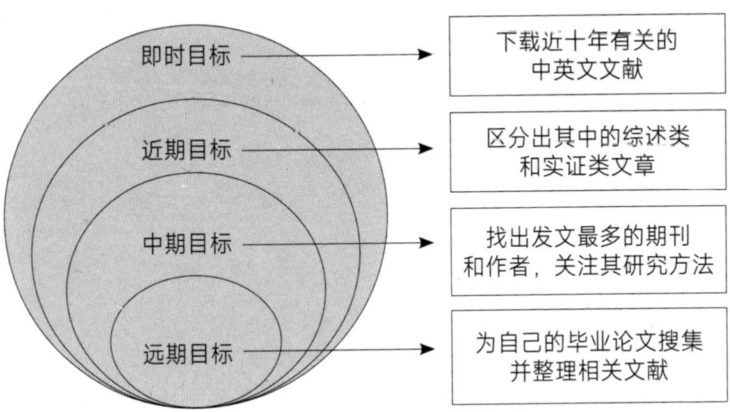

▲ 图 1-1 “剥洋葱法”使用示例

这种方法顾名思义就是像剥洋葱一样，将目标分解为若干小目标，再将小目标分解成更小的目标，甚至包括现在站起身就能去做的事情。如果想写一部短篇小说，它可以被分解成每天写不到一百字的短文；学习英文，可以被分解成每日背五个英语单词……一旦行动起来，你自然会发现所有的规划都格外明晰。

在此基础上将目标进一步分解为即时目标、近期目标、中期目标和远期目标，这样更有利于我们掌控好事情的优先顺序，同时使内心更加笃定和自信。

4 自我设限

突破自我限制，重绘“心灵地图”

案例

维申·拉克雅礼至今还时常会回想起那场意外。

在那之前，从 2008 年开始，他所创立的公司只是出版其他人的著作。维申·拉克雅礼也始终认为自己太过年轻，对于整个世界而言，自己的存在不过是一粒无足轻重的沙砾，出版关于自己思想的书更是天方夜谭。尽管那时的他已顺利从美国顶级名校密西根大学毕业，获得了电气工程和计算机科学双学士学位，在相当多的领域内拥有丰富经历。

当意外发生，维申·拉克雅礼得知公司失去了那位最重要的作者时，他突然感觉整个宇宙好像都在对他低语："对于你有且仅有一次的生命而言，这不是也不该是你甘于接受的生命状态。"于是，维申·拉克雅礼决定自己提起笔。

这个选择无疑是正确的。他的代表作《生而不凡：迈向卓越的 10 个颠覆性思维》不仅成为《纽约时报》畅销书，还跃居亚马逊畅销书榜前列。

分析

一个丢失客户订单的意外，让维申·拉克雅礼终于打破了长久以来对自己的限定，原来，他不仅可以出版他人的著作，也可以出版自己的著作。但很多人，终究一生，也没有等来这样一个契机，去打破自我设定的禁锢。

拿破仑·希尔曾说过："一个人唯一的限制，就是自己头脑中的那个限制，唯有自己才能挣脱自我设限。"现在高学历的人越来越多，爱学习的人也不在少数，但很多人无法在职场中脱颖而出，很大程度上是因为通过语言、想象等方式，对自己施加消极的自我暗示，在不知不觉之中瓦解了自己的信心和意志。哪怕本身具备实力，却在心理上默认了一个“不可跨越”的高度限制。比如：因为自己不是专业出身，所以不敢从事这个行业；因为自己还是个新人，所以不敢出头争取机会；等等。

这样的例子不胜枚举，一名学生认为自己数学学不好，无形之中就会产生畏难情绪，在学习数学时便不会全力以赴，结果，他果真发现自己数学没学好，在日后的学习中就更有逃避的借口了。同理，如果你认为自己老了、学不动了、跟不上时代了，其实这就是一种自我设限。当你有了这个念头后，你的大脑就会在注意力系统里设置一个标签，从而影响你的行为与思考。如果总是给自己设限、过度剖析自己的不足，那么就会让自己陷入困境，难以追求更好的未来。

尝试

突破自我限制的有效方式之一，就是重绘自己的“心灵地图”。

“心灵地图”是在每个人童年时期形成的行为准则，可以指导我们如何去看待身边的人和事、如何与世界相处。如果我们过早地停止描绘地图的工作，没有及时修正这张地图，那么它就会过时，在我们走到更广阔的世界中时，这张老地图就会使我们停留在原地、无法向前。

既然老旧的心灵地图会影响我们，那就干脆放下它。你可以先试着在这些问题后面列出你对自己的认知。

你最喜欢的工作（活动）：________________

你最喜欢的事：________________

你最崇敬的人：________________

你最欣赏自己的哪个（哪些）特点和品质：________

现在，请你想象一下十年后，上述你身上的哪些特质会消失？哪些人和事物会被取代？你将不再进行哪些工作？上面哪些答案，是你愿意以行动来坚持的？

5 好高骛远

设置合理目标，不空想不妄想

案例

有一位得道高僧隐居在深山中，很多人千里迢迢慕名而来，求他指点迷津、点化心智。

一群寻找他的人到达深山的时候，发现高僧正从山谷里挑水。但他挑得不多，两只木桶里的水都没有装满。按照他们的想象，高僧应该能够挑起很大的桶，而且水装得满满的。于是他们不解地问："大师，这是什么道理？"

高僧回答说："挑水之道并不在于挑多，而在于够用。贪婪只会适得其反。"众人仍然疑惑，于是高僧从他们中找了一个人，让他重新从山谷里挑两桶满满的水。结果，那人挑得非常吃力，摇摇晃晃，没走几步就跌倒在地，水全洒了不说，膝盖还摔伤了。

见此情形，高僧说："水没了，还得回头重新去挑；膝盖受伤，只会挑得更少。"众人于是问："那么大师，究竟应该挑多少水呢？”高僧笑道，指着桶里说：“你们看。”

众人望去，原来桶里画了一条线。高僧说：“这条线就是我挑水的底线，盛的水最好不要超过这条线，因为这是我能够轻松负担的极限。一开始我会常看这条线，挑的次数多了，不用看也就能感觉到了。”

分析

高僧以挑水之道告诉我们，确定目标要有底线，凡事要尽力而为、量力而行，如果不切实际、好高骛远，只会适得其反。正如老子所言：“知人者智，自知者明。”自我认知是所有智慧的基石。只有建立在清醒的自我认知的基础之上，才有可能较为理性地制定出适合自身的目标和计划，进而登上成功的巅峰。

现代社会的生活节奏在不断加快，因此一些人的心态也发生了巨大转变。在社交媒体上，我们经常会看到一些所谓的一夜暴富、日进斗金和一步登天的信息，以及许多名人、成功人士和有钱人的故事。受此影响，许多人也产生了“王侯将相宁有种乎”“彼可取而代之”的想法。他们不管自身实力，只是东施效颦，以至于最后把自己弄得伤痕累累。相反，只有制定适合自己的职业发展规划，并持之以恒地努力，才能赢得更多尊重和信赖，达到预期目标。

尝试

如何合理制定个人发展的目标，使之既能让人发挥特长，最大限度地挖掘自己的潜力，又能贴近实际，使目标切实可达？

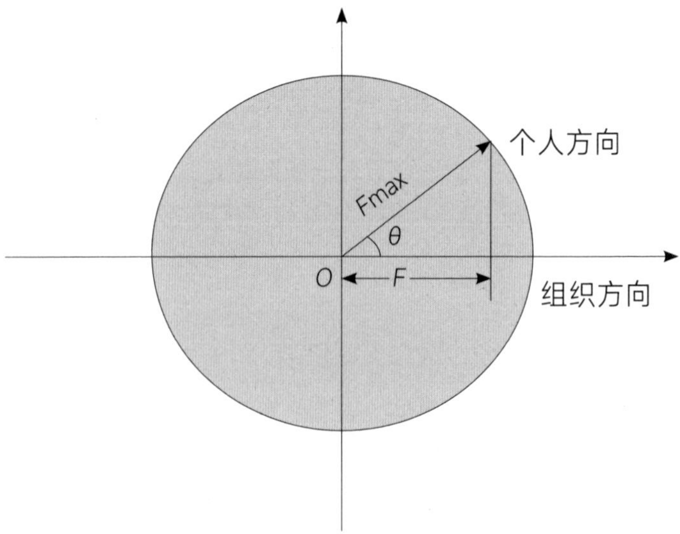

▲ 图 1-2　个人潜在能力的发挥同个人方向与组织方向夹角的关系

日本学者中松义郎的目标一致理论很值得借鉴。中松义郎曾在他的“目标一致理论”里精辟地论述了个人实际发挥的能力与潜在能力之间的关系公式：$F=F\mathrm{max}\times\cos\theta$（其中 F 代表一个人实际发挥出的能力；Fmax 代表一个人潜在的最大能力；θ 代表个人目标与组织目标之间的夹角）。从这个公式中我们不难看出，当个人目标与组织目标方向一致，即夹角 θ 为 0 时，一个人实际发挥出的能力最大。

因此，我们在确立目标时，一定要将个人目标与组织目标融为一体，引导个人的志向和兴趣向组织和群体方向转移，并努力趋于一致。当然确定目标的依据不是看环境是否舒适、工作是否顺手，也不是看工作事务是否繁多、忙碌，而是看岗位重不重要、是否有成长空间。因为老板只会愿意在重要岗位上投入足够的成本，只会给予给企业带来重大发展机遇的人以丰厚的回报。

不识大势

第二章

>> 有风口才会飞，趁大势方能上

“在某种意义上，时机是一种巨大的财富，抓住机遇，就能成功。”比尔·盖茨的这句话在中国有个更通俗的版本，那就是“站在风口上，猪也能飞起来”。

从福布斯全球富豪排行榜上富豪们的经历来看，中国香港首富抓住了金融和房地产行业的趋势，中国台湾首富抓住了电机和塑料行业的趋势，大陆首富则顺应了互联网大潮。每一个时代在成就了一部分人的同时，也淘汰了一批人。

有人从中国改革开放后的发展趋势中总结出三个阶段：第一阶段是胆大的淘汰胆小的，20 世纪 80 年代，谁胆子大、谁敢闯，谁就能取得成功；第二阶段是机灵的淘汰迟钝的，20 世纪 90 年代，谁先发现机会，谁就会成功；第三阶段是有文化的淘汰没文化的，当下要成功，就一定得有文化。

紧跟趋势的“猪”都飞起来了，不识大势的人却只能痴痴地抬头仰望。盐碱地里种粮食，想取得大丰收很难。顺应大势，做出改变，是我们每个人都要掌握的核心功课，然而又有多少人在这门功课上只能考个“不及格”呢？有哪些行为是我们要力避的陷阱？

6 盲目从众

紧跟时代变迁趋势，不活在过去

案例

2022年3月，某网站上出现了这样一张表格，统计的是互联网公司的裁员情况。曾经风光无限、引人无数的互联网公司也开始裁员，让那些千方百计想要挤进去的人大跌眼镜。

公司	裁员情况
Tencent 腾讯	腾讯 PCG 将大规模优化人员，比例达 30%
Baidu 百度	游戏部门 300 多人几乎全部被裁，直播行业裁员 90%
微店	裁员人数占比 10% ～ 20%
bilibili	电竞部门裁员比例达 90%
蘑菇街 mogujie.com	技术部门大调整，整体被裁去 80%
ByteDance 字节跳动	HR 团队被全部裁掉
阿里巴巴 Alibaba.com	内部裁员约 2 万人

▲ 图 2-1　各大互联网公司裁员情况

分析

中国曾长期处于农耕社会，人们的生活圈子小，社会发展缓慢，这种环境下，随波逐流成为很多人的思维定式。这种思维定式在社会经济稳定阶段尚可行得通，但是，当前社会发展节奏快、变化大，人们就必须转换思维模式，及时把握潮流趋势。能够看懂趋势，比强大的个人能力更重要，因为个人能力再强，也无法和趋势对抗，有时候一个人的成功不是因为他的能力多强，而是他的选择正好顺应了时代发展的趋势。

举个例子，20 世纪 90 年代初，我刚参加工作的时候，特别羡慕单位汽车司机能开小汽车，天天跟着领导跑，我想什么时候我也能开上小汽车就好了。然而，时过境迁，现在驾驶已经成为一个人的基本生活技能。而随着无人驾驶技术的发展，驾驶员这一职业可能会被淘汰。这也许能解释为什么张泉灵会发出这样的感叹：“当时代抛弃你的时候，连招呼都不会打一声。”

所以，我们一定要有自我思考、自我判断大势的能力，不能守着过去的经验过日子。

尝试

我们首先要建立一个最基本的认知，那就是没有在任何时间里都正确的选择，只有在特定时间内正确的选择。这一认知能帮助你在向着某个目标一拥而上的人群中站稳脚跟，在这个基础上，你还可以试着做以下尝试。

（1）听听逆行者的声音

虽然他们往往会被大众认为是“异类”或“怪物”，但倾听他们的声音能帮助你培养从不同视角看待事物的能力，甚至还有可能从他们“古怪”的观点中寻找到智慧的闪光点和机会。

（2）设想自己拥有不同的未来

没有人能预言时代的发展方向，紧跟趋势的成功者要么是在微末之时察觉到了震荡，要么就是提前做好了应对。与其将自己的人生放置在一条道路上，不如设想自己将面临的多种未来，为随时可能出现的不同发展趋势做好准备。

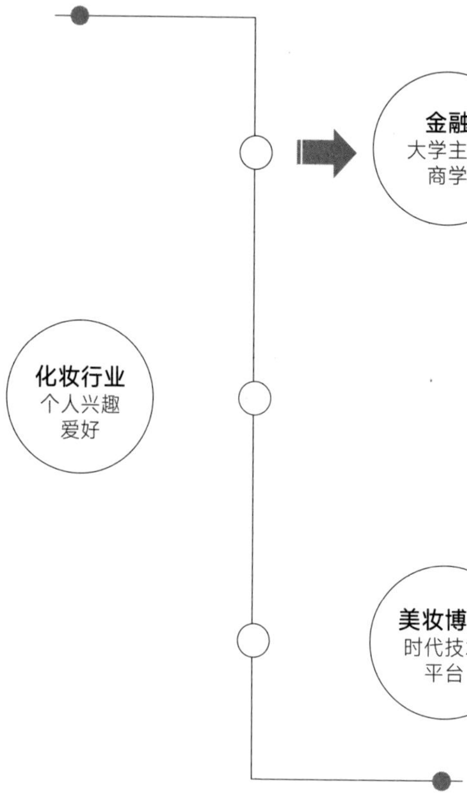

▲ 图 2-2　多种未来就业的构想和原因

7 路径依赖
方向不对，努力白费

案例

“柯达”是一个在世界摄影史中无法磨灭的名字，然而这个名字也只能在历史中保持它的闪耀。伊士曼发明了柯达胶卷之后一夜成名，引发了摄影行业的革命性改变。趁着柯达胶卷的热度，伊士曼又推出了“立即自动”相机，销售量创下了世界纪录。伊士曼信心满满，兴奋地在胶卷行业中埋头苦干，但溃败的苗头已经无法掩盖。

随着科技的不断发展，数码相机和手机相继问世。柯达也曾尝试转向数字化方向，但因为在传统胶卷的方向上走得太远，公司甚至无法独立设计相机机身和镜头，故旗下的专业数码相机系列——DCS的机身和镜头大多是其他厂商设计的。产品生产受制于人，便只能为他人作嫁衣，这是柯达数码产品系列的致命短板，但柯达根本没有想要去补齐这一短板。长久以来的胶片基因和巨额利润都让柯达认为研发胶片才是正确的方向，哪怕是在 2001 年前后胶片销量已经开始大幅下滑时，柯达对于胶片的执着依旧不改，他们依然坚信自己在胶片上的努力终有回报。面对股东的质疑，柯达将胶片销量下滑的原因归咎为“9·11”事件。

2003 年，柯达以一亿美元入股中国本土胶片品牌——乐凯胶卷，试图继续维持其市场占有率，但这也只是柯达“树大根深，腐而不烂，烂而不倒”的最后辉煌而已。到了 2012 年，柯达申请破产保护，百年企业就此终结。

分析

在时代加速发展的今天，不跟着发展趋势的步伐，固守原有的路径，即使异常努力，最终也会渐渐陨落。柯达胶卷的兴衰就是最好的例证。

再看近些年的教育行业，随着 2021 年国家“双减”政策的出台，新东方创始人俞敏洪转型开直播卖货，有赞教育部门，这个蓬勃向上的行业迅速掉入谷底。这就是趋势的威力，它对大企业和小职员一视同仁。很多人认为依靠自己的勤奋、努力，即使落后于趋势也没有关系，然而他们所谓的勤奋，大部分不过是重复的无尽忙碌，这些自然不能在面对转型时给自己提供一丝一毫的帮助。

尝试

避免路径依赖并适应环境变化，在个人职业发展中是至关重要的。以下几点可以帮助你实现这一目标。

（1）多元学习和学习新技能

保持学习的态度，学习新的知识和技能，可以帮助我们与时代保持同步。

（2）不断思考和把握机会

随着行业环境和市场需求的变化，应该及时思考自身职业规划，并寻找可以创造更大发展机遇的领域。同时，拓宽社交圈和人脉可以帮我们扩大认知范围，增加了解机会的渠道。

（3）选择一个重要、能随时感知外部信息的平台

工作岗位是每个人发展的起点，但岗位不一样，平台就不同，得到的发展机会自然也不一样。如果你去了一个无关紧要的岗位，即使整天像老黄牛、大毛驴一样埋头苦干，领导可能也根本不认识你，你想要晋升、被提拔、挑大梁，就会难上加难。

（4）掌握自我反思的技能

养成自我反思的习惯。反思自己的个人发展路径是否与大趋势相符，发现自身存在的局限，并积极去改善。

8 拒绝改变
让变化成为你的助力，而非阻力

案例

富贵鸟破产了。上了年纪的人看到这条新闻都会大吃一惊。富贵鸟曾经四次夺得“中国真皮鞋王”的荣誉，老板林和平在 2007 年的胡润百富榜单上凭借 50 亿资产排名第148 位，与其并列的是阿里巴巴的创始人马云。2013 年是它腾飞的一年，富贵鸟在这时迎来了发展巅峰期，它在港交所上市首日股价就直冲 8.9 元。

格外讽刺的是，富贵鸟最初因林和平的不安于现状而诞生，他放弃瓦窑农业社的社长职位，选择了一条当时不被人们所看好的道路——下海创业，却在多年后背离了初心，觉得做电商库存压力太大，根本发展不起来，于是拒绝改变，对电商不屑一顾。短短两三年的时间，富贵鸟就被时代抛弃，跌下神坛。

分析

我们生活在一个不断变化的世界里，每天都有新的信息、新的技术、新的理念、新的模式不断涌现，给我们带来了无限的可能性，也带来了无数的挑战。如同上述案例中的富贵鸟，面对电商对传统线下销售模式造成的冲击，他们没有主动适应，拥抱这种变化，反而停滞不前、故步自封，为自己的破产埋下了伏笔。在我们个人成长历程中同样是如此，如果我们面对持续不断的变化只有恐惧、焦虑、迷茫，那么肯定也会错失良机。

首先，我们要适应变化。在变化发生的时候，保持开放和学习的心态，以应对新环境的要求。适应变化是一种基本的生存能力，也是一种重要的竞争优势。其次，我们要拥抱变化。拥抱变化是一种积极的态度，也是一种创造性的行为。俗话说，有危机才有机遇，在大趋势已经发生变化的时候，我们要有勇气拥抱它、超越它。杨澜曾经在事业最辉煌的时候，毅然放弃央视的主持人岗位，到美国留学。她选择离开是因为她意识到，如果没有央视这样的平台，光靠努力她不一定能取得这样的成绩。只有自身追求变化，不断成长，才能在平台改变时不至于陷入无助和恐慌之中。

尝试

为了让我们能客观地感受到改变带给人的感觉，我们可以一起做个小游戏：请你伸出双手，两手自然交叉握在一起，看哪个手的拇指在上？松开手，重新双手交叉，顺序相反，比如刚才左手拇指在上的换成右手拇指在上。

当你用相反的方式交叉双手后，你有什么感觉呢？很多人会感觉到不习惯、不舒服、不自在。你看，仅仅改变了一个小小的动作，都让我们感觉到不舒服、不自在，可生活中又有多少面临环境变化、趋势变化、要求变化的境遇啊。

每当这个时候，当你觉察到自己有抵触情绪的时候，就伸出你的双手，交叉感受一下，然后告诉自己：没什么了不起的，我需要面对的只不过是左手拇指在上，还是右手拇指在上。

9 片面思考
统筹考虑，不因一时之得而满盘皆输

案例

硅谷新兴企业 Theranos 创始人伊丽莎白·霍尔姆斯，曾将 Theranos 打造成了一个价值超过 90 亿美元的“独角兽”公司。本来发展一片光明，她却因为自己的错误决策和片面思考，给企业也给自己的人生造成了巨大的损失。

Theranos 是一家提供血液检测服务的公司，宣称只需一两滴血液就可以提供各种诊断结果。这种技术一度被视作革命性的新发明，因为它简化了健康检查的过程，并为大众带来了可负担的价格。

然而，事实并非如此，Theranos 的检测技术从未被权威机构批准或审批，也从未接受过广泛的独立验证。尽管公司获得了许多投资，但后来人们却发现这种检测结果并不可靠，霍尔姆斯也因此被美国证券交易委员会指控涉嫌欺诈。

分析

这个案例告诉我们，在做重大决策时，一定要有大局观，要换位思考，要多赢。特别是涉及公共健康和安全问题时，企业家必须考虑到全面的风险因素，而不是片面追求短期利益。但在现实生活中，从自己的本位出发、片面思考，几乎堪称人类思维的天性之一。

片面思考也与信息的对称、公开透明存在一定联系，是人的认知系统内一系列过程或要素相互影响或作用的结果。

简言之，人们获取本地信息更加容易，获得的本地信息越多，对本地的认知就越多，就会逐渐形成强烈的本地信念，从而更加关注本地信息（见图 2–3 R1）。

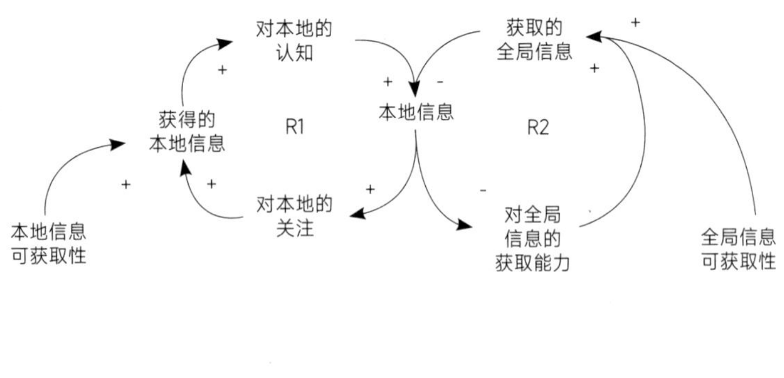

▲ 图 2-3　片面思考模式流程

与此同时，由于获取全局信息的局限性，人们获取不到足够的全局信息，就无法建立全局信念。而本地信念的强化又进一步削弱了人们对全局信息的关注，使得人们获取全局信息的能力被削弱，更加无法获取充足的全局信息（见图 2-3 R2）。

逐渐地，人们便形成了牢不可破的片面思考模式。

尝试

为了打破片面思考模式，看到系统中的其他部分乃至全局和整体，我们需要增加对全局信息的关注，想一想系统中其他人会看到什么、得出什么结论、采取什么行动。

同时，通过学习并应用系统思考的技能和方法，比如“思考的罗盘”，看到构成系统的各个实体之间的互动与联系，乃至系统全局与整体的结构，也有助于打破“盲人摸象”或本位主义的窘境。

此外，组织领导者也要采取措施，通过加强沟通、打破壁垒，促进信息开放，降低组织成员获取全局信息的难度。

10 习而不察
保持警惕，不做“温水中的青蛙”

案例

大学毕业后，程东被分配到当时的国家大型企业某玻璃厂工作，这个工厂是当时十大市级利税大户之一，主要产品是医院输液用的盐水瓶，以及为药厂药品提供包装。进厂后，他最先在车间工作，后转到厂党委部门，不到两年就被提拔为中层副职，很多人认为他拿到了极好的“铁饭碗”。

但在日常工作中，程东发现自己所在的企业的毛病还真不少。第一，工人们的工作态度有问题。当时工厂规定下午五点下班，工厂大门口还拉着一根绳子，五点钟铃声一响，传达室保安把绳子放下，工人们才好出工厂大门。然而，每天下午四点半以后，就陆续有人推着自行车来到大门口，等五点时出厂门。

第二，工厂发放奖金，是按照事先确定的岗位系数来核定的，而不论大家在岗位上的工作绩效如何。同一岗位上，有的人干得多，有的人干得少，但工资是一样的。

第三，管理者不接受创新。当时工厂中有几个技术人员到日本学习进修，回来后向厂领导报告，说日本掀起了塑钢热，常见的是塑钢门窗，而当时国内还全是钢条刷油漆，便建议厂领导趁效益好上新项目，结果这几个人被厂领导批评了好多次，说他们不安心工作。

第四，以前没有商品房的概念，全是单位分配住房。而工厂在分房时，有个食堂厨师不符合条件，就带着老婆到厂里闹事，说如果不分给他们一套房子，他就要上吊自杀，厂长怕惹事，就分给了他一套，而很多技术人员却没分到。

程东当时感觉到，一个企业像这样搞下去迟早是要破产关门的。因此工作三年后，他果断辞职，而那个玻璃厂后来果然破产倒闭了。

分析

在《第五项修炼：学习型组织的艺术与实践》一书中，彼得·圣吉通过“温水煮青蛙”的寓言告诉我们，对于环境中突发的剧烈变化，人们可以及时觉察并做出反应，但对于缓慢、渐进的改变，却有可能习而不察。如果不能留意到那些微弱但是致命的变化趋势，我们就有可能成为那只沉浸在温柔乡、被慢慢煮死的青蛙。

如同上面例子中程东看到的那样，在一般人眼中那可能只是习以为常的小事，是闲话漫谈时的谈资，但理性的人却能从中看到国有企业的弊端：人浮于事、损公肥私、大锅饭、论资排辈、因循守旧、不敢创新……这些作为与时代发展的观念和企业的经营管理背道而驰。待在这样的企业里，迟早要被时代所抛弃。

尝试

杨杜在《真正一流的管理者都是认知高手》一书中提出成为一个理性者的三种方法，我们可以从中获得不少启发。

（1）举一反三法

想到的方法，要按照上下、左右、前后的三维逻辑进行表达。

（2）形式解构法

听到的结论，不论内容，先看逻辑结构和语法。

（3）以人观语法

听到的观点，不评对错，主要考察价值观和市场，这样才能实现理性思考，理性决策。

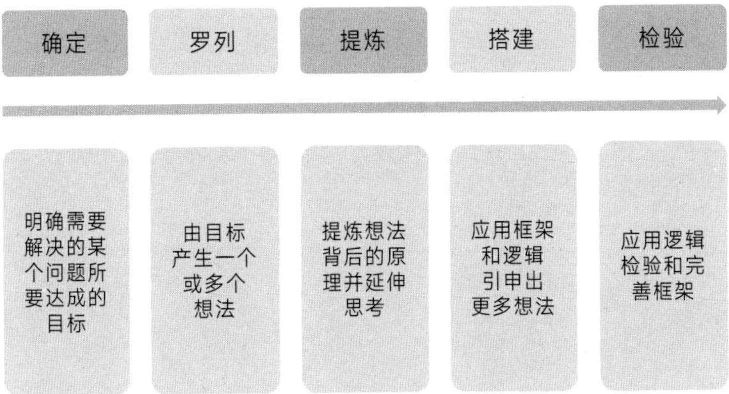

▲ 图 2-4 理性者的思维过程

此外，我们还要及时建立一个人生早期预警系统，通过细小的变化，预见将来的趋势。这就要求我们有较强的知识储备，毕竟没有人天生就通晓一切。只有不断地学习，不断地输入，我们才能延伸自己的知识边界，然后通过观察发现问题，推理出趋势，在细小的危机触发警报时，才能及时抽身离开。

11 优柔寡断

适当承担风险，不只为 100% 的确定性买单

案例

美国总统亚伯拉罕·林肯讲过一个故事。

有一只青蛙掉进了深深的、泥泞的车辙里。两天后，它还在那儿待着。它的朋友发现了它，于是催它赶紧摆脱困境。它稍稍尝试了几下，但是仍旧陷在车辙里。

接下来的几天，它的朋友们继续鼓励它再努力试一试，却依旧没有效果，它们不得不放弃了，回到它们自己的池塘里。

一天早上，朋友们惊讶地看到，这只青蛙正在池塘边心满意足地晒着太阳。于是，它的朋友们问它："你是怎么出来的？"

"噢，正如你们知道的，"这只青蛙说，"本来我没法出来，但是有一辆马车过来了，我不得不出来。"

分析

这只青蛙优柔寡断，一再拖延行动，可是在生命遇到危险的最后关头，它还是跳了出来。可见很多时候，我们不是不能，而是没有全力以赴。可陷在现实中的车辙里的人们，面对着毫不留情的时代车轮，又能不能跳出来回到池塘里呢？大概只能像高速公路收费站撤销时的那名女收费员一样，面对着记者的摄像头失声痛哭："我在收费站收费十多年了，除了收费，我其他什么都不会，今后怎么办啊？"

这个世界唯一不变的就是在不断改变，我们要敢于拥抱不确定性，毕竟如果此时不能主动选择，那就意味着未来只能被动接受。只有努力让自己拥有选择权，积极主动地尝试新事物，在面对不确定性时选择拥抱而不是怀疑和回避，才能成就大事。

尝试

人的一生不可能只做有 100% 确定性的事情，适当的挑战孕育着解决方案，如果没有需要应对的挑战和解决的问题，那我们就永远学习不到新的经验。如果你的行动力不够坚决，也面临优柔寡断的困扰，你可以在行动前先试着回答这些问题：

①你现在的生活出现了哪些变动，且你尚未做出抉择？

②这些变动会给你造成什么影响？

③如果将这些影响当成挑战或机遇，情况将会发生怎样的变化？

④你的感觉又会怎样？

在调整了对失败的恐惧之后，你可以采用遵循逻辑规则的“五步决策法”来制定自己的策略。

步骤	关键举措
确定目标	阐明目标；了解决策所需
收集信息	收集整理资料；核对事实观点，找出原因；制订时间进度计划
罗列选项	列出可行性方案，提出想法
评估及决定	列出利弊清单；检验结果；根据标准衡量、实践、测试，选择最佳方案
执行	付诸行动，并对决策进行监控和修正

拒绝学习

第三章

>> 学习如砥砺，磨利剑方能走天涯

学习的重要性不言而喻，就当代中国而言，步入社会的这些青少年中，高中以下学历的占比已经很小了，每年都有近千万大学毕业生步入职场。但很多人在离开校园后，便以为自己的学习生涯已经结束，将找到工作称为“上岸”。他们弹冠相庆，庆祝这场百米赛跑的胜利，却不知“上岸”之后还有很远的路要走，因为人生本就是一场马拉松。

根据美国智库皮尤研究中心的报告显示，收入较高的人更有可能会阅读书籍。在收入超过 5 万美元的美国人群中，有 60% 的人阅读过至少 5 本书，而收入在 3 万至 5 万美元的美国人群中，只有 47% 的人阅读过至少 5 本书。此外，在受访者群体中富人的阅读时间也更多。一份由私人财富咨询机构 Wealth-X 和美国商业杂志 Spear’s Magazine 共同编制的报告指出，全球高净值人士每天的阅读时间平均为 5.3 小时，而在那些每年赚取少于 1 万美元的人群中，每天只有 15% 左右的人会花费时间阅读书籍。

以上数据表明，收入较高的人，尤其是成功人士，更倾向于阅读和学习。这也进一步证实了阅读和学习是走上成功之路的关键,并且阅读是一种可以提升个人知识和技能的重要方法。查理·芒格更是直言："我这辈子遇到的聪明人没有不每天阅读的——没有，一个都没有。巴菲特读书之多，我读书之多，可能会让你感到吃惊。孩子们都笑话，他们觉得我是一本长了两条腿的书。"

当今，能够帮助人们找到机会、把握机会的一个重要能力就是持续的学习力。按照麦肯锡和MIT的报告，到2036年，几乎所有劳动力行业的人全都会被机器替代，如果我们没有能力去深度学习，我们将无工作可做。

和残酷的现实相反，很多人却经常表现出"30岁之后就退休"的态度，不再接受新信息，不再接受新挑战，因为工作、生活、社交占用了他们大量的时间和精力，所以他们只能依赖先前存量的知识体系。个人系统不持续输入信息，不持续补充能量，自然也就陷入停滞，被瞬息万变的社会吞噬殆尽。

试着避开下文描述的那些错误，对学习和成长保持健康的观念吧！重要的不是管理职业生涯,而是管理自己的学习曲线，要勇敢面对困难问题，并自愿接受挑战。

12 畸轻畸重

提升基础素质，打造职场"软技能"

案例

戴尔·卡耐基在《人性的弱点：如何赢得友谊并影响他人》一书中曾说：

"多年来，每个学季我都去费城工程师俱乐部和美国机电工程学会纽约分会授课，1500人听过我的课，这些人之所以来听课，是因为他们也发现拿高薪的工程师通常并不是专业最强，懂得工程学最多的人。

"我们知道，一般工程师、会计、建筑师或其他专业人士都可以用正常薪水雇用，只要付出每周25美元到50美元的代价，这些人力资源永远都可以在挤满各类人才的市场中找到。但只有那些既懂专业知识，又善于表达并兼备领导团队能力的人，往往才有机会获得更高薪酬。"

分析

除上述戴尔·卡耐基提及的专业知识技能、口头表达和领导团队的能力以外，逻辑思维、文字组织和解决问题等能力，都属于工作所需要的基础素质，也有人将它们命名为“职场软技能”。

我们身边存在这样一群人，在学校时他们仅仅听课、考试，只关注成绩和知识点。毕业后，他们继续沿用这种学生思维，忽视了职场的复杂性和变化性。最终这些人发现，单纯依靠学校里的知识和文凭无法让自己在社会上立足。

进入职场后，首先要解决的是如何提升自己的逻辑思维能力，如何具备发现问题、分析问题、解决问题的能力，这样才能创造价值。未来世界将不再需要单一技能的人才，而是需要具备完善的知识结构、极强逻辑思考能力和更高感知力的复合型人才。

优秀的人往往通过阅读和学习建立足够强大的抽象思维能力，获得异于众人的思考和整合能力。正如外交部原副部长傅莹在其著作《我的对面是你：新闻发布会背后的故事》中所说：“任何学习和知识的积累都不会是多余的，任何时候学到的东西，都会在人生的某个转角成为宝贵的财富。”

进化是自然界最强大的力量，是唯一永恒的东西，是一切的驱动力。而持续提升基础素质，就是我们个人的一场大进化。

尝试

为了搞清楚自己对哪个方面的能力有所偏好，能够让自己做事事半功倍，又对哪个方面缺乏应有的素质，需要尽量规避，试着回答下面这些问题，并在你认可的选项后面打钩。

问题	选项一		选项二	
喜欢与他人合作还是独立工作?	与他人合作		独立工作	
喜欢领导一个团队还是接受指示?	领导团队		接受指示	
自己是否非常谨慎、厌恶风险	是		否	

续 表

问题	选项一		选项二	
能否在充满压力的环境中工作？	是		否	
能否在面临最后期限的压力下工作？	是		否	
喜欢在户外工作还是在室内工作？	户外工作		室内工作	
是否喜欢重复性的工作？	是		否	
是否天生好强？	是		否	
对你而言，晋升到更高的岗位重要吗？	是		否	

13 赤手空拳

掌握工具类知识技能，为你的人生加速

案例

因为要申请高级会计师职称，小苏撰写了一篇论文打算投稿,然而在修改初稿中的英文参考文献格式时却遇到了大难题。

原来，在本科时，小苏论文中所有的参考文献都是在键盘上一个字一个字敲出来的，然而英文参考文献的格式要比中文参考文献更加复杂，小苏修改了两天，不是这里把分号打成了逗号，就是那里缺了个句号。小苏不得不向刚刚毕业不久、获得硕士学位的同事小青求助。小青指导她下载了专门的文献管理软件,并引导她一步一步学会一键添加和修改各类参考文献。

趁热打铁，小苏花了几天时间全方位学习了导入文献、自动更新文献信息等多种功能，“说不定以后评其他职称，我还需要它呢。”小苏这样解释道。

分析

一个人除了岗位所需的专业知识及基础素质以外，要想发展好，必须重视工具类技能。职场发展有一个“能见度”的说法，就是指个人在整个组织里的影响力和口碑。让大家都知道你有一门拿手本领，不管是文案写得好，还是 PPT 做得漂亮、社群运营直播做得好等，都能提升自己的能见度，从而获得更高的关注，更多的发展机会。

同样一件事，因为掌握的工具类知识技能不同，花费的时间和做出来的效果也千差万别。所以，利用业余时间学习锻炼软技能，会给自己的职场发展创造更多的机会。

过去单位的电脑打字员、汽车驾驶员很吃香，因为那时打字、驾驶是有门槛、要学习的技能，而现在，这些技能已经非常普及，专业门槛也下降到只要愿意就可以掌握的高度。但一个时代有一个时代的要求，如今我们可选择的工具越来越多，这些工具对工作效率的提升所发挥的作用也越来越大。

尝试

当下，我们需要掌握哪些工具类技能呢？以下四种是你应该重点尝试的。

（1）应用文写作

请示、报告、总结、调研报告、报道等文体都是我们日常工作中会使用的文体，一个能够很好地应用这些文体的人，必定会获得更多的关注和认可。

（2）PPT、短视频、思维导图等输出技能

PPT 做得漂亮的员工，领导自然喜欢，同事评价也高。分享一个关于 PPT 应用的小技巧：如果要向经常出差的领导汇报工作，但发邮件、发文件并不方便领导及时察看，可以把汇报内容做成 PPT，然后再拼接成长图，直接发到领导的微信上，方便领导在手机上就可以浏览长图。

（3）AI 应用工具

如今已开始进入人工智能的时代，掌握必要的 AI 应用工具，可以为你的工作助力，为生活带来方便。如百度文心一言：它是一种基于人工智能技术的写作辅助工具，它可以通过自然语言处理技术对用户提交的文本进行分析，并给出针对性的写作建议和优化方案，帮助用户提升写作质量。又如稿定 AI：它是一种基于人工智能技术的设计辅助工具，可以帮助用户快速生成各种设计元素，包括 Logo、海报、名片等，还可以自动识别图片中的主色调、布局和风格，提供配套的设计方案和

建议。这些工具可以极大地提高我们的工作效率。

（4）财务思维、法律基础

懂点这方面的知识，至少能比别人少走弯路少吃苦。玻璃大王曹德旺曾因业务原因结识了水表厂会计科的陈科长，并在他的建议下花了两年时间学完了会计学的相关知识。曹德旺自己当时也没想到，会计学对他能力的提升是巨大的，为他后来承包管理高山异型玻璃厂、福耀玻璃厂起到了重要作用。

14 缺乏搜商

遇到问题不是先问，而是先搜

案例

因为一个项目成功拿下，项目组组长王主任请花花所在小组的所有成员一起吃饭。正吃得尽兴时，王主任准备打一个电话，突然发现自己的苹果手机离奇地死机了，触摸屏失效，无论怎么按也无用，甚至关不了机。王主任的手机在大家手中传来传去，人人都认为自己可以解决，但都是无效操作。

花花看起来是最不可能解决这个问题的人，因为她是一位四十多岁、不怎么玩手机、不怎么跟得上潮流的“大妈”。但当所有人一筹莫展时，花花淡然地拿出自己的手机，在网上输入三个关键词：苹果手机、触屏失效、无法关机。嗯，答案就在那里。花花很轻松地按照搜索出来的方法解了燃眉之急，王主任连声向她道谢，同事们也都毫不吝啬地夸赞花花。

分析

我们现在所处的社会是随时互联的，是可以快速且广泛地获取信息渠道的，建立网感，学会“搜索”已经是我们每个人学习路上的必备技能。有一句话很流行：80 年代学智商，90 年代讲情商，00 年代要逆商，10 年代拼搜商。在这个任何知识都贴有数字标签的年代，有什么是搜索解决不了的问题呢？改变思维，向别人请教前请先向互联网请教。这样，在别人眼中，你也是一名值得信赖、可以解决问题的“专家”。

尝试

当下之所以被命名为信息时代，是因为网络当中充斥着浩如烟海的资讯与新闻，如果不具备一定的信息搜索能力，很有可能会迷失在过时甚至虚假的信息当中，下面的几条建议会提高你的搜商。

第一，将搜索内容拆分成关键词，避免长句子。

第二，搜索尽量场景化、细节化，可以避免搜索的千篇一律。

第三，建立自己的搜索资料库。除了一般常用的百度、知乎、小红书之外，可以根据自己的专业需求，建立搜图、搜文献、搜诗词等方面的资源库。

第四，尽量使用书面语言，避免口语化的语气词、方言、俚语。

第五，如果中文搜索不理想，换英文搜索试试看，当下大部分浏览器都自带翻译功能，不要对英文信息心生恐惧。

第六，使用搜索语法可以使你的检索更加高效。可以使用最常用的布尔检索，用逻辑“或”（+、OR）、逻辑“与”(*、AND)、逻辑“非”（—、NOT) 等算符写出你需要的检索式。

SU=（德育 + 思政教育）AND FT= 马克思主义基本原理

检索主题包含德育或思政教育 和 全文包含马克思主义原理的文献

▲ 图 3-1 检索式解读案例

15 被动学习

不靠“牛鼻环”牵引，不靠“牛鞭子”催赶

案例

刚毕业那年，A 和他的同学一起进入了同一家公司实习。为了给老板留下好印象，他每天第一个到公司，最后一个离开，而那位同学，只是每天掐着点来，又掐着点走。

结果，A 没能转正，而他的同学却成功留在了那家公司。A 格外气愤，发了一条朋友圈抱怨：“60 天的勤奋努力，不过是个笑话！”

所在部门的领导看到后，发给了 A 两份业务报告，一份

是他的，一份是那位同学的。他的那份报告，密密麻麻几千字，内容却中规中矩。与之相比，另一份报告虽然只有千余字，但是逻辑清晰、重点突出，让人一目了然。最重要的是，在战略分析那一栏，A只草草提了一句，而他的同学却浓墨重彩、深入浅出地指出了公司的优势、劣势以及市场中潜藏的机会与风险。

分析

很显然，A同学实习期间从形式上看起来更努力，每天早来晚归；但从实习的效果来看，B同学不只是被动接受学习，而是认真思考，并将所学内化成了自己的认识，所以他才能提交出精彩的业务报告。

比较好的学习方式通常由三个环节组成：第一个环节是信息的接收；第二个环节是信息的内化；第三个环节是信息的再生产。而大多数人常常只做了第一个环节，读书、学习、听人教导，只是完成信息的接收而已。他们在学校时，跟着老师的教学计划走；工作以后，按照领导的指令行动，就像一头茫然的老黄牛，不被套上“牛鼻环”就不知道往哪个方向行走，不被“牛鞭子”抽上几下，就永远在原地打转。

▲ 图 3-2 学习的三个环节与简要概念释义

美国学者埃德加·戴尔曾提出“学习金字塔”的概念，认为人的学习可以分为被动学习和主动学习两个层次。被动学习主要采用听讲、阅读、视听和演示等方式，内容的留存率仅有 5% ～ 30%。而通过讨论、思考、实践、教授给他人等途径实现的主动学习，其内容留存率能达到 50% ～ 90%。这一现象说明了在学习过程中，通过更加主动地参与和互动式学习的方式可以有效地提高学习效果。所以，主动学习、思考和实践是促进学习的最佳方法之一，对于学习者理解和应用所学知识都非常重要。

尝试

约翰·史德普提出的“大声工作法”已经在 60 多个国家和地区的知名企业中得到应用，如果说在被动学习中，你与他人属于从属关系，那大声工作法能够帮助你将其转变为主动学习中的合作关系。

大声工作法的核心理念是：当一个人在与他人进行交流时，他们的大脑会更加活跃，思维会更加清晰。因此，通过大声说话，员工可以更好地集中精力，从而提高工作效率。此外，大声工作法还有助于减少分心和拖延现象，因为当你在大声说话时，你很难同时进行其他不相关的活动。

因此，你可以尝试由四到五人组成一个同伴互助小组，小组成员之间交流时大声说话。大约持续三个月后，小组成员在形成人脉网络的同时，还会大大激发个人进行主动学习的动机倾向。

16 假装努力

满足于形式化的努力，犹如画饼充饥

案例

今天一上班，陈洁就附在雅思敏的耳边说：“你看了遥青的朋友圈吗？她昨天学习自媒体运营学到了凌晨三点！”

雅思敏不以为然："我还以为什么呢，遥青不是向来如此吗？晚上六点至十一点明明都是大好的时间，结果她不是在看视频、打游戏，就是跟朋友聊天。只有到了夜深人静的时候，她才会精心收拾出书桌，配上昏暗的灯光，坐下来自拍二十张，挑出一张精心修图半小时，配上朋友圈文案'你见过凌晨三点的武汉吗？'……她但凡真的努力一点，也不至于到现在一个自媒体账号都没运营起来！"

陈洁扑哧一笑，推了雅思敏一把："你的嘴真毒！"

分析

上述案例中的遥青就是一个典型的假装努力的人，她的人设非但没有给人留下好印象，反而使她成了同事们嘲笑的对象。

简而言之，假装努力就是：花大量的时间做着毫无意义的事 + 形式主义 + 找借口 + 自以为很努力。这种行为十分具有欺骗性，大多数在假装努力的人一般都不会认为自己是装的，而认为自己是实实在在做事，但是事实上过一段时间他们就会发现自己并没有什么实质性的改变。这样就很容易让人产生自我怀疑，导致自卑心理，从而打击学习积极性，产生恶性循环。

像遥青这样的人，我们身边并不少，诸如：

① 买了很多书放在书橱里装点门面的人。有些人的书橱很大，书很多，但许多书连塑料封都没拆。

② 花钱报名参加研究生班、研修班，却只关注通讯录里的名字，看看谁是领导，谁是大老板的人。他们在朋友圈晒录取通知书，晒上课照片，但又不认真听课，习惯用手机拍摄老师的演讲文稿和PPT。

③ 经常在微信朋友圈里转发深度好文的人。他们摆拍正在读的书、听的课、名家名师合影，加上画龙点睛式的点评或感言，显得自己思考很深入，但文章和文字都是转载或抄袭别人的。

可以说，认真对于他们本身就是一个偷懒的行为。面对那些真正需要专注地去思考、创造和从失败中吸取经验教训的事，他们选择了回避，但为了合理化自己的行为，便把精力放在那些不重要的事情上。有一句话说得好：请不要假装很努力，结果不会陪你演戏。

尝试

米哈里·契克森米哈赖是一位著名的心理学家，被称为“心流之父”，他设计了一套评价体系，可以让你清晰地认识到自己的努力程度。请分别用 1 ~ 10 分回答一下你做一件事情时的状态，1 分表示“我完全不认同”，10 分表示“我完全认同”，分值越高，证明你所进行的努力越具有实质性的价值与意义。

分值 条件	1	2	3	4	5	6	7	8	9	10
我全神贯注于这个工作（活动）										
我感觉工作的过程是平稳流畅的										
我处于高度专注的状态，忘记了时间和空间										
我不会在内心产生怀疑，也感觉不到口渴和疲倦										
我认为自己是有能力的，并且感觉自己正在发挥作用										

挥霍光阴

第四章

>> 时间是生命的琴弦，管理得当才会奏出和谐乐章

管理学家德鲁克在总结有效的管理者应具备的素质时，提出了五项要求，其中第一项就是时间管理。

每个人拥有相同的时间是这个世界上最公平的事，每年 365 天（闰年 366 天），每天 24 个小时，每小时 60 分钟，每分钟 60 秒。如果像鲁迅先生所说的那样，浪费别人的时间等于谋财害命，那挥霍自己的光阴则无异于暴殄天物，自毁长城。

时间是最为宝贵的资源，我们的时间是有限的，所以必须知道自己的时间应该花在哪些方面。学会系统化地去工作，可以帮助我们充分利用宝贵的时间资源，而成功的时间规划，甚至可以“创造出更多的时间”。

然而，即便所拥有的时间越多，我们也未必能做更多的事情，因为我们经常会陷入以下六个时间管理的陷阱中，这些陷阱使得我们的时间最终像沙子一样漏掉了。

17 疲于选择

要事第一，不让选择本身成为精神内耗

案例

同事们注意到，彩子在同时应对多项工作时，整个人会变得十分恐慌。

“正在写文件时，电话响了，我只能先去接电话。接完电话还没来得及继续写文件，开会的时间又到了，会议上经理还给我布置了新的工作……”彩子沮丧地说。堆积如山的任务和随之而来的焦虑快把彩子压垮了，有同事看不下去，给了她一条建议：“先试着给它们安排顺序吧。”

这对彩子而言并不是一条好建议。她为了安排出一个较为合适的优先顺序，不得不深入思考各项工作的完成步骤，但在思考过程中，新到来的工作又会把先前工作的最佳顺序打乱。

彩子痛苦地发现，“安排顺序”成了比其他任务更重的负担。

分析

时间管理的本质是目标任务管理。工作本身指标多任务重，又什么事情都想做好，而时间是有限的，彩子自然感觉忙不过来。

对于一部分人而言，他们本就擅长将目标任务和各项活动进行聚焦梳理，井然有序地安排，时间效率自然马上就会提升。如果阅读过足够多的指导你如何进行时间管理的书籍，那你一定熟悉下面这张坐标系的图片。

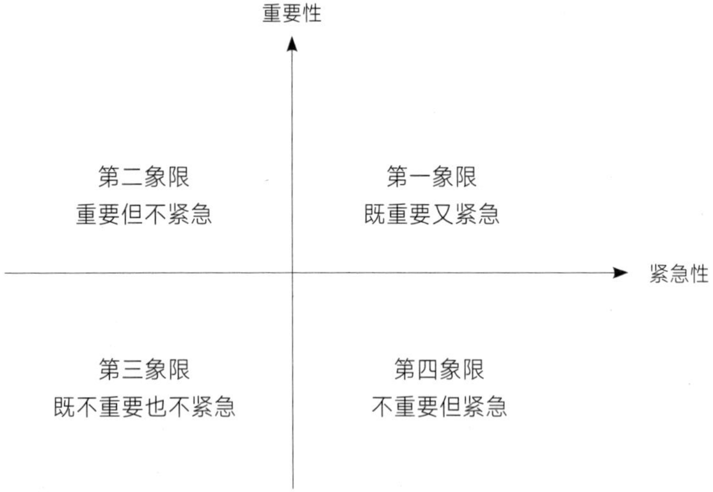

▲ 图 4-1 “四象限法则”时间管理法

把日常工作按重要性与紧急性两个维度来分成四类的“四象限法则”，是最常用的时间管理方法。优先第一位的是既重要又紧急的任务，优先第二位的是那些重要但不紧急的工作，然后是紧急但不重要的工作，那些既不重要也不紧急的事情可以安排在最后办理。但对于像彩子那样并不擅长排序的人（这类人还不少）来说，勉强自己将任务排序反而会让事情乱成一团。

每个人都有手足无措的时候，所以不必过度焦虑，下面这个方法也许可以帮助你。

尝试

既然疲于选择，那就不要对所有工作进行排序和选择，只要决定一件今日必须完成的任务，然后去做。即使中途被其他事情打断，也不要分心，回到最初的那件工作上，直到将它完成。如果还有空余时间，那就重复上述行为。

假设使用这种方法都没能完成手头上的工作，那就说明工作量已经超出了你能掌控的范围，向他人寻求帮助，或者干脆授权外包吧。

一个人的时间毕竟是有限的，职级越高、责任越大的人，一定要克服事必躬亲的做法，把自己的时间用在解决主要矛盾和解决矛盾的主要方面上，一般工作、简单工作，按职责授权他人去做，或者外包给其他机构去完成。对能力不够成熟的人、低层级的人，不能给他们过大的权限、过重的任务，授权时的说明要详尽，监督考核要频繁；对能力成熟人员、中高层级人员，可以放大权限，尤其是分配给他们挑战性高的任务，精简指示，减少监督考核的频次。专业的人做专业的事，这样既节约了时间，又保证了工作效率。

18 浪费间隙

化整为零，碎片时间大有可为

案例

升入三年级时，霍格沃茨的学生们的功课繁杂程度几乎翻了一倍。在一、二年级的时候，除了飞行课，还有包括变形术、魔咒、魔药等在内的七门必修课。升入三年级后，还要至少再增加两门选修课，这些选修课包括麻瓜研究、算术占卜、占卜、古代如尼文，以及保护神奇生物。

对占卜课教授特里劳妮的厌恶，以及该课程不实用的原因，让赫敏放弃了占卜课，但除此之外的所有选修课，她都想试一试，因此她使用了时间转换器。这只小小的发亮的黄金计时器，有一条很长很精细的金链子，它每转一次，便可以在时间上倒退一个小时。依靠它，赫敏在学期末高分通过了选修的每一门课程。

分析

上面这个故事出自《哈利·波特》，里面提到的时间转换器是如此神奇，以至于教授们必须给魔法部写各种推荐信，告诉他们拥有者是模范学生，且永远不会把它用于学习以外的事，才能申请获得一只。但如果我告诉你，其实每个人的腰间都挂着一只无形的时间转换器，你是否能想象得到呢？事实上，大部分人都拥有它，却只会让它徒劳地空转。

10 分钟的会议间隙、30 分钟的通勤时间、坐车去参加会议的 20 分钟、接待贵宾前的 5 分钟等待时间……这些时间正是时间转换器为我们倒转来的时光，回复信息、听音频课、阅读文件，或者只是打电话交代一些工作，它们的价值要凭你的使用方法来衡量。以我为例，我在创办的“柏鸣职场心法哥”公众号上持续更新，发布的每一篇职场心法的文章的编辑、修改以及配图，都是利用这些碎片化时间完成的。

通勤时间经常可以被用于进行其他有效的活动。如果骑自行车上下班，就可以利用这段时间健身；如果在地铁上读书、看报、听课，就可以将其转化为学习时间；如果与客户、同事讲电话或信息交流，那就是工作时间；如果与亲友聊天交流，那就变成了亲情时间。通勤不再只是一件烦琐的事情，而是可以成为我们进行多种活动和事情的时间转换器。

尝试

如果不知道怎么使用这些转换而来的碎片时间，可以试试“化整为零法”，把一些工作切分成几个模块，并利用细碎时间去处理。

以发布公众号文章为例，可以将“完成一篇文章”这个完整任务划分为草稿写作、修改文稿、配图编辑、设定时间、发表五个环节，工作间隙、乘车时、茶余饭后、休息之前等时间就有了用武之地，都可以用来完成其中一个环节，哪怕只是环节内的一个部分也行。

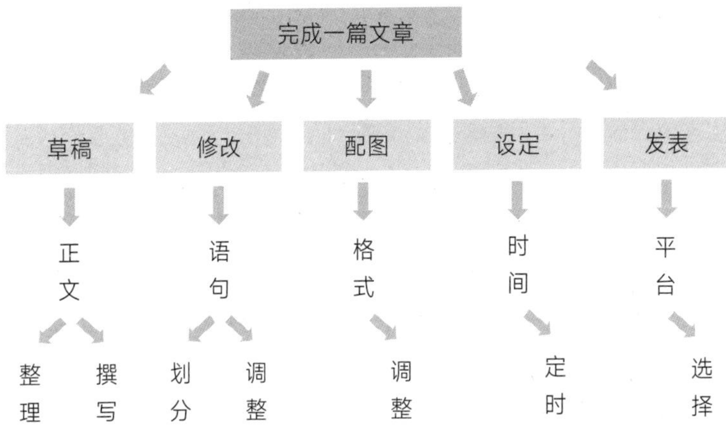

▲ 图 4-2 “化整为零法”使用案例

19 瞻前顾后

不做完美主义者，先完成再完美

案例

“干得这么细致，工作是做不完的！”

“你为什么总是想得那么多？”

司维委屈地接受了领班的斥责，也确实察觉到自己无法达到这份兼职的要求：保证工作效率。司维虽然很喜欢这份在法式餐厅的工作，但她的工作效率与其他同事相比总是要低许多。比如在摆餐具时，她总是担心将杯子放在顾客手肘附近会被打翻，因此会花上更多时间去挪动位置，甚至会要求自己保持每份餐具的间隔一致，这导致她的工作常常会因拖延而超过了时限。

分析

上面的案例中，司维追求完美，对自己高标准、严要求，什么事情都要做到极致，一个计划、一个行动方案，都要反复斟酌，不断完善。古话说“三思而后行”，结果司维往往“九思”还“不行”，让脑海中的最佳方案迟迟得不到落实。

这并不是要我们放弃清晰的思考就直接开始工作，而是在某些情况下，省去思考的时间反而会提高工作效率。研究表明，在群体中，重要的因素通常只占少数，大概只有 20%，但它们的贡献和影响能占到 80%。人们 80% 的工作成果来自 20% 的时间付出。在时间管理方面，如果有十项工作要完成，那么其中两项需要集中 80% 的精力和时间来完成，这两项工作的完成可以带来80%的价值回报，而其他八项工作可以逐渐完成，甚至可以委托他人完成。

尝试

当你陷入瞻前顾后、左右为难的“完美主义”困境而白白浪费时间时，请在心中默念这句话吧：先完成，再完美。

“先完成、再完美”是一种时间管理策略。它意味着在完成任务的过程中，重点是先达到任务的基本要求和目标，而不是追求完美。

此策略的优点在于：

（1）避免时间和资源的浪费

若想追求完美，则需要花费大量时间、精力和资金，而不一定有保证。相反，先完成任务可以避免与之相关的时间浪费和不必要的努力。

（2）保证任务完成

在完成任务的基本要求和目标之后，有更多的时间和资源进行修改和完善，以不断提升任务质量。

（3）提高工作效率

在繁忙的工作环境下，难以再完成多进程任务。在遵循“先完成、再完美”的原则下，我们可以腾出手来，快速推进工作。

当然，这不意味着我们应该随意完成任务并放弃追求卓越，而是在完成基本目标时也要尽可能保持高水平的任务质量和对工作的责任心。同时，我们也需要明确任务的优先级和重要程度，合理规划时间和资源，以便更好地保证任务的质量和工作效率。

20 缺乏条理

学会“清单思维”，让你事半功倍

案例

张先生在某银行有一笔贷款到期了，银行工作人员打电话通知他上午到银行办理还贷手续。张先生接到电话后，马上开车赶到银行，经银行客户经理提醒，才发现自己忘记带银行卡了。

张先生只能马上开车回家，拿了一张工商银行的卡，又赶到银行，银行客户经理说："抱歉先生，我们是邮政银行。"张先生一看拿错了，急忙又回家拿邮政银行的卡。待再到银行时，已十二点半了，客户经理已下班，张先生无奈只能回家，下午两点再去银行，终于办理了还贷业务。

一件平常的小事，没准备好就匆忙行动，使张先生白白多花了三个小时。

分析

上述案例中的张先生，是典型的缺乏清单思维的人，办一件事情时总显得杂乱无章。

清单思维指的是通过制订任务清单和计划表来规划和管理日常工作和生活。这种思维方式可以提高我们做事情的条理性，避免遗漏和混乱，以及在时间和任务压力下减少压力和焦虑。

职场人士建立清单思维有很大优势：

（1）梳理思路

制订任务清单和计划表可以帮助我们对日常工作和生活琐事进行分类和排序，梳理思路，从而更好地关注事情的优先级和需求。

（2）优化效率

清单思维可以帮助我们集中精力完成任务，并避免分散注意力。我们可以根据清单上的事项，以其重要性和急迫程度分配管理时间，提高做事效率。

（3）规划时间

清单思维可以帮助我们计划时间。我们可以用清单来规划任务，确定截止日期并逐步完成计划，从而在时间管理和任务完成方面更加高效。

（4）避免遗漏

通过拟定清单，我们可以把所有任务集中起来，避免遗忘或忽略一些重要的任务或事项，减少错误和疏漏。

尝试

以下是一些常见的实际应用场景，你可以试着为这些应用场景列出清单来。

（1）工作任务清单

这是最常见的应用场景之一。通过列出所有的任务，以及相关的截止时间和优先级，可以帮助你合理分配工作时间和资源，减少漏项和遗忘的可能性。

（2）日常事务清单

它可以包含你的日常生活事务，诸如付账单、邮寄信件、购物等。这些事情可能很琐碎，会占用你很多的时间和精力，通过列出清单，你可以更好地规划它们。

（3）会议清单

会议清单包括会议时间、地点、出席人员、议程和权限。它可以帮助你更好地准备会议，保持会议的条理，以及避免会前或会后的任务漏项。

（4）旅行清单

旅行清单可以包括行程安排、酒店预订、机票信息、行李目录等内容。关于这些任务和事宜，可以在旅行前快速整理出一份清单，旅行过程中再按照清单逐一完成或细化，避免出现重要事宜的遗漏。

（5）学习计划清单

针对正在学习的课程或项目，可以列出每天、每周的总结、复习或练习计划。这将帮助你更好地掌握知识点，并保持学习的进度和方向。

21 任由打扰

勇敢说“不”，我的时间很值钱

案例

设计师小花的办公室里有一名客服人员和一名财务人员，因为三人是同乡，于是她们经常拉着小花闲聊。看在同乡的情面上，小花不好意思拒绝，但沉重的工作压力和逐渐降低的工作效率使她不得不通过加班来完成自己分内的工作，她眼睛下面有了黑圈，而且总是一副快要哭出来的样子，谁都能看出这个姑娘正处于崩溃的边缘。

有一天小花终于爆发了，义正词严地表示自己工作需要专心，如果她们很想讨论电视剧，可以在空闲的午休时间讨论。小花当天的爆发有了成效，但是第二天小花却傻了眼，她们确实不再拉着自己一起聊天，但两人隔着小花的工位，大声地聊着天，小花还是没办法集中精力工作！这一次，小花没有再犹豫，她录下了两人的聊天视频，作为证据发给经理反映情况，经理也同意了她调换办公室的请求。

分析

小花的经历告诉我们，如果一开始就任由别人打扰自己，他们会觉得你的时间并不宝贵，这样你的工作效率自然大打折扣。有研究表明，如果一个人的工作被打断 5 分钟，他实际上需要花 12 分钟才能恢复到工作状态，因为人的大脑需要 7 分钟进行缓冲，而注意力即便转移回来，保持专注的能力也是被消耗的，因为大脑可调用的葡萄糖减少了。所以，当我们遇到被打扰的情况时，要有勇气说“不”，要有勇气告诉对方：“我的时间很值钱，你浪费不起。”

正如上文中的小花遇到的情况一样，在客服人员和财务人员看来，她们后来聊天并没有拉着小花，小花不能集中精力工作怨不得她们。但这样的打扰是小花能感知到的，而且极大影响了小花的工作效率。如果她不勇敢指出来，受伤的只能是自己。现实工作中，我们也经常会遇到这样的打扰，它们如同躲藏在阴影里的蛇，不知道什么时候会突然蹿出来，打断我们专注的工作，使得我们的时间变得“碎片化”。

尝试

拒绝打扰，一方面要采取行动，对干扰源进行抑制。如同故事中的小花。另外，我们还可以尝试利用工具来确保自己保持专注工作的整块时间。如著名的“番茄钟”App，可以帮助我们设置工作 25 分钟加休息 5 分钟的“种番茄”过程，并在保持专注的 25 分钟当中锁定手机，保护整块时间不被消息打扰。

另一方面，我们也要抑制自己被打扰而转移注意的冲动。戴维·罗克提出的在 0.2 秒里执行抑制行动可以给我们一定的参考，当你下次听见消息提示铃声响起，在下意识拿起手机之前先停一停，或许就不那么想要看到这条消息了。

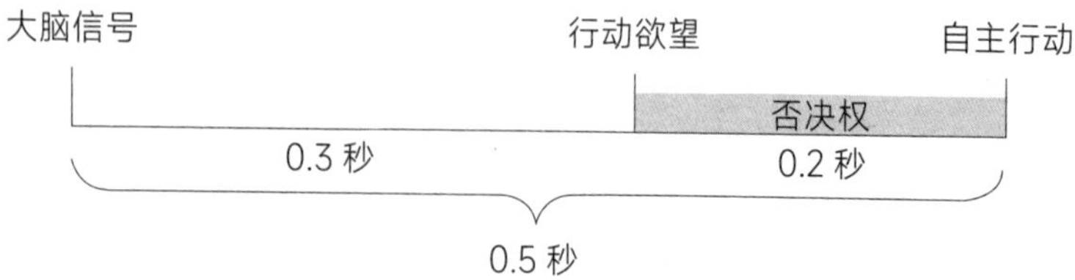

▲ 图 4-3 大脑信号传递与身体自主行动间隔的时间分析

22 穷人思维
请给自己的时间“定个价”

案例

大学毕业后数年，葛文来到好友所在的城市，已经功成名就的好友很热情地款待了他。两人吃完饭聊得正起劲时，葛文的电话响了。

他毫不犹豫地接起电话，虽然并不是什么很重要的事情，但电话接通的10分钟内他与对方也说得很高兴。没过多久又有电话打来了，于是他又与对方聊了10分钟，这样的情况整整发生了三次。好友问他，有什么重要的事吗？如果真有，就下次再聚，葛文答复并没有什么重要事，仅仅是朋友找他聊几句而已。

此后，葛文发现好友告别时说的“再会”成了遥遥无期的客套话，两人之间再也没有了联系。

分析

葛文很显然错过了拓展人脉的机会，与好友聚餐的两个小时的收益，明显大于用电话和朋友闲谈的收益，但葛文毫无觉察，并错误地选择了后者。这种潜意识忽视长远利益的思维被称为“穷人”思维。这样的“穷人”在现实里随处可见：为了省一元出租车费，在路上多走 10 分钟；为了抢几块钱的红包，每隔几分钟就刷微信；为了挣点外快，上班不认真做事，偷偷干私活；为了买东西有低折扣，跑好几家商场进行比较。

穷人思维往往让人们过于关注短期利益和眼前的利益，没有充分考虑长期的收益。在这种心态下，人们往往不愿花费时间和精力去学习、成长或发掘新机会。相反，他们只是专注于眼前的问题，深陷其中很难自拔。这样一来，他们不仅错失了自我发展和提升的机会，还浪费了大量的时间和精力。回到职场中，我们与其把时间花在赚小钱上，不如把时间聚焦到一点，练就过硬本领，让自己从众多同事中脱颖而出，迈上一个新台阶，这样你的贡献、职责、影响力就会增加一个数量级，收入也自然水涨船高。

尝试

试着给时间定价或许是个不错的主意。假设你一个月的工资是 10000 元，以每月工作 21.5 天、每天 8 小时计算，每一个工作小时的价值是 58 元，8 小时以外的加班费会提高 50%，而且按惯例，工作年限越久，职级越高，收入就越高，每一个工作小时的价值也提高了。一旦你对自己的时间有了成本意识，就会衡量有些事值不值得做，就会盘算如何利用好自己的时间。

当然，有能用金钱衡量的时间，自然也有不能被金钱衡量的，个人基本休息、学习、亲情、友情等方面所需的时间，都属于这个类型。

第五章 漠视人际

» 同行，是一种力量；会同行，是一种智慧人总是处在社会关系中，想做出一番成绩，大都不可能单打独斗，总需要接触他人。进入职场，每个人的周围都会出现越来越多的关键人物和团体，他们形成一个隐而未见的环境，对我们的成长造成潜移默化的影响。为了避免落入“独行侠”的陷阱，我们要重视整合人脉资源的能力，与他人的“连接”本身就是财富，如果没有从连接中受益，说明你连接的资源不够多。

熟悉历史的读者可能知道，被称为“千古第一完人”的曾国藩也是在军机首辅大臣穆彰阿的保举下，晋升速度才达到十年七迁的水平，从七品检讨爬到正二品侍郎，随后大展宏图，封侯拜相，官至一品，成为清朝汉官之首。

曾国藩自三十岁出仕，在翰林院从七品检讨的位置上兢兢业业、单打独斗三年后，他“成功”地将自己的官场之路从困难开局变成了“地狱开局”：上司以他办事糊涂为由，将他贬为一名候补检讨。这件事对曾国藩的影响非常大，也让他十分清楚地看到，即使自己一心效忠朝廷，一心想为朝廷办事，但如果没有人保举，他也有可能一直埋没在底层，什么时候才能实现自己的雄心壮志呢？曾国藩结交人脉资源的心思已经生起，但第二个问题又出现了：上司对他进行无情地压制，将他的升迁之路完全阻断。曾国藩只能放弃通过上司保举自己的方式，转而寻找新的靠山。从他早期在京城交往的人物来看，有三个人起到了主要作用，一个是七品翰林院编修、书法家何绍基，一个是正三品太常寺卿唐鉴，另外一个则是从三品太仆寺少卿倭仁。曾国藩先通过同乡关系结识了何绍基与唐鉴，这两人又都是京城中比较出名的文人，受当时尊重文人的社会风气的影响，曾国藩拜在他们门下，并不会让人觉得他有攀附高枝的想法。倭仁是唐鉴的得意门生，唐鉴在熟悉曾国藩后将其引荐给了倭仁。清朝是满族人的天下，倭仁作为一个满族官员，他的保举，比其他汉族官员的保举要更有影响力。

自己的真才实学加上一点结交人脉的小手段，曾国藩终于在自己人脉狭窄的情况下得到了社会地位较高的文人们的帮助，并将对方的资源转化为自己的资源。他后来的晋升也自然水到渠成。

在我们的职场成长过程中，也需要像曾国藩一样，找到与自己同行的人，找到能为自己助力的人，但这中间蕴含了很多智慧和技巧，需要我们用一生去学习。就我在人际交往中的经验与教训来看，主要要避免以下几种不良心态。

23 交易心态

真诚才是人际交往的“必杀技”

案例

准备发行《生活手帖》最新一期刊物前，松浦弥太郎和他的团队在“我们应当向读者传达什么”这个最基本的问题上犯了难。

当时，市面上有很多打着“看过的人都哭了”这个旗号的书籍与刊物，电视里也播放着由专业人士利用煽情的台词、高超的剪辑技术拍摄的影片，他们都掺杂了一些尽管算不上是谎言却是做戏的成分，松浦弥太郎并不想让自己的刊物也变成这种模样。

“我和读者之间并不是出售和购买的关系，我要让他们感知到自己曾经获得的直白的感动。”最终，读者们接收到了这份心意，这本杂志的发行量大幅增加。

分析

许多人错误地认为“联系人代表一切”，好像认识的人多，手机通讯录、微信朋友圈里的人多，自己拥有的人脉资源就很丰富。虽然增加初级联系人可以拓展你的人脉关系网，但这些所谓的人脉只有被转换成更深层次的关系时才能拥有更重要的价值。

在建立人脉关系网的过程中，很多人热衷于认识别人，尤其是企业家、专家、明星，希望今后这些人能为自己所用，帮助自己获得成功。殊不知，比我们认识他们更重要的是怎么样让这些人认识我们自己。

只有抛开原始的交易性心态，通过友好且真诚地展示自己，像松浦弥太郎一样输出“自己曾经获得的直白的感动”，才能让自己从芸芸众生中脱颖而出，绽放光芒，建立真正有质量的人脉关系。

尝试

克里斯托夫·安德烈是一位法国心理学家。他在众多研究领域中表现出色，如认知和语言发展、视听信息处理、人类学习和记忆等。他也是不良认知理论的创立者，并提出了认知因素理论与认知模式理论。他认为，人们在生活中常常被不良认知所影响，如消极的思考方式和负面的情绪，这些认知会限制个人的成长和成功。克里斯托夫·安德烈通过大量的访谈与调查，总结出了下面几种影响人真诚表达自己的不良认知。对照这些表述，我们可以有意识地加强锻炼，改善认知、控制行为。

认知类型	认知的表述	本人采取的行为
过度听从他人	我不该生气、打扰别人或者应该提前准备，否则我会被人排斥	我不发表意见，不提要求，不拒绝，不批评
直面他人时的过度警惕	我得特别留意别人的态度，否则好事、坏事都没有我的份	我总是研究对方的眼神或态度，想知道他们对我的负面评价

续表

认知类型	认知的表述	本人采取的行为
自我的过度控制	我不该露出尴尬或者别的情绪	由于担心大家留意我的情绪，我想不顾一切地掩饰，哪怕没有效果。但这样做又让我觉得自己低人一等
个人弱点暴露	他们很容易发现我没文化、智商低	我感觉自己被人看穿了，每次我都感觉自己会做错事
来自他人的警惕与威胁	他们会给予我负面评价，甚至排斥或者攻击我	对于那些像我一样的人，人们没有同情心，他们早已想好如何控制、远离我

24 以我为尊

不以“评判者”，而以“观察者”身份与他人沟通

案例

乔布斯是苹果公司的创始人之一，他的领导风格和创新思维为全球所熟知。然而，他也曾因为过于关注自己的感受和观点而陷入困境。1985 年，乔布斯被苹果公司董事会解雇，原因是他与公司其他高管之间产生了矛盾和冲突。当时，乔布斯坚信自己的想法是正确的，他认为苹果公司应该专注于开发高端产品，而不是迎合大众市场。这使得他在与其他高管沟通时，很难理解他们的观点和需求。

在离开苹果公司后，乔布斯创立了 NeXT 电脑公司和皮克斯动画工作室。在这两家公司中，他不再总以评判者的身份出现，而是逐渐学会了观察和倾听，学会了如何更好地理解和尊重他人的观点。例如，在 NeXT 公司，乔布斯开始重视团队合作，鼓励员工提出意见和建议；而在皮克斯动画工作室，他与团队共同创作了一部又一部成功的动画电影，这些电影的

成功很大程度上得益于团队成员之间的良好沟通和协作。

最终，1997 年，苹果公司陷入了困境，乔布斯被重新聘回公司担任CEO。在他的领导下，苹果公司成功地扭转了局势，推出了 iMac、iPod、iPhone 等一系列创新产品，使公司成为全球最有价值的品牌之一。

分析

即使是乔布斯这样的名人，即便他处于公司权力巅峰，如果不摒弃以我为尊的态度，不会平衡自己的观点和他人的需求，以及不知如何在团队中发挥领导力，他也不会取得最终的成功。

在哈佛大学成人发展和学习领域的专家罗伯特·凯根看来，年幼时，人们理解世界的方式非常简单；其后，逐渐看到并了解到世界原来蕴含着许多丰富而细微的渐变的部分，当我们意识到这一点时，便会开始质疑自己过去的假设。到青少年时代，人们却慢慢养成了“以我为尊”的心智结构，主要表现为：只能接受自己的观点，别人的观点是神秘的、看不透的，故仅用自己看到的信息推断他人的意图。

虽然上述心智结构多出现在青少年身上，但也有少数成年人处在类似的心智层次。如果你只在乎自己的感受，无法理解他人的观点，相信“我是对的”“事情就应该这样”“我想要”，你的心智结构就可能处于“以我为尊”的阶段上。这样，你就无法有效地与他人交流沟通，甚至无法顺畅地参与团队合作。

为了更好地适应复杂的世界，我们需要学习理解他人的观点，控制无处不在的冲突，形成自己可以掌控的评价原则与信念体系，而且能够对其持续进行反思、优化，从而促进个人心智结构的成长。

尝试

与他人沟通时，如何摒弃“以我为尊”的潜意识，马化腾的做法也许对你有所启发。那就是与他人交往，重在以“观察者”和“倾听者”的身份出发，不轻易对他人进行评价。

马化腾的朋友曾写过一篇关于他的文章，其中列举了几个马化腾在朋友圈中的表现。他说，马化腾很少发朋友圈，但是给出评论和点赞很多。请参看下面的这些实例：

① 有一个上市公司的 CEO 发朋友圈说：“晚上 12 点刚开完会，还是要锻炼，决定跑步回家。”马化腾就在底下评论道：“你不是换了衣服再背着背包跑吗？”那人回道：“办公室备

了衣服，让司机把包送回家。”马化腾又评道：“路上的人和车那么多，让司机送你到体育场或者室内跑，会更加安全吧？”

② 一个投资人在朋友圈贴了一张自己孩子在船上钓海鱼的照片，马化腾评论道：“孩子还小，注意安全。”

③ 业内人士发表对于行业和新闻人物的各种看法，马化腾多次在下面简单回复“赞同”或者“不同意”。

④ 一个腾讯总监级的朋友发了几张少年时的家庭照，马化腾评道：“你跟你妈好像，你的手很长。”

25 只知索取

没有“舍”哪有“得”

案例

电视剧《人世间》中有这样一个片段：周秉昆辞职后找不到工作，便去拜托姐姐的高中同学蔡晓光帮忙，蔡晓光也毫不含糊，利用人脉将他安排到了福利多、待遇好的酱油厂。周秉昆在厂里卖力干活，很快就因表现突出升了职。他一直想当面感谢蔡晓光，却觉得请客、送礼不足以表达自己的感激之情，只好一拖再拖。

后来，蔡晓光惹了麻烦，从宣传处主任降职为车间工人，还失去了上大学的机会。周秉昆得知后，立即想办法为他托关系、打听门路。在他的帮助下，蔡晓光获得厂里的特批，顺利进入大学深造。

学成归来的蔡晓光当上了剧团导演，依旧与周秉昆来往密切。物资紧张时，蔡晓光为周家买到修缮住房的沙子、水泥与过冬用的优质煤；周秉昆转行进入出版社后，也将蔡晓光引荐给了文艺前辈们。久而久之，他们的关系越来越亲近，最终，蔡晓光还跟周秉昆的姐姐结了婚，两人成了一家人。

分析

在现实生活中，一个引人深思的现象是：人们更倾向于与那些愿意付出的人建立联系，而不愿意与那些付出较少却索取较多的人合作或合伙。这是因为人们通常不愿意为那些只知索取、将利己置于利他之上甚至采取损人利己行为的人付出。因此，如果我们想要与他人实现互利共赢，就必须摒弃独占鳌头的想法，关注他人的需求和利益。

世间的大多数关系，都是从礼尚往来中建立起来的，你今天走过他人搭的桥，明天或许别人也需要你为他撑把伞。就像稻盛和夫所说，以利他心度人生，能增加人的成就感和幸福感，最终回报会回到自己身上，对自己同样有利。

《道德经》中有句话："既以为人，己愈有；既以与人，己愈多。"也就是说，贡献越多，你的价值越大；付出越多，你的回报就越多。你只管利而不害，为而不争，不用看结果如何，自然有人帮你争，自然有回报等在你未来的路上。

尝试

什么才是正确的利他？怎样才能为他人适度且有效地付出？或许你可以从下面三个方面入手。

（1）赞誉他人

曾国藩率湘军攻打安庆胜利后，他将功劳归于胡林翼，因为胡林翼战前精密筹划；他将浴血奋战的成就归功于多隆阿，因为多隆阿坚持战斗，奋力拼杀，对打败太平军做出了贡献；而他没有为自己向朝廷上报丝毫功劳。在多年征战后，曾国藩赢得了将士们的忠心。而同时期的左宗棠不仅对推荐提携自己的曾国藩出言不逊，对他人也很刻薄，时常恶语相向，导致他晚年身旁几乎没有几个心腹。

在职场中也是如此，一个尊重他人、愿意分享荣誉的员工往往会受到领导和同事的尊重。乐于赞赏他人，将有助于你在职场中树立一个正面的形象，为你的职业生涯铺平道路。

（2）适度付出

某银行支行的客户经理为了把市交通局财务处服务好，争取到业务后，便想方设法与财务处的会计搞好关系。他在一次闲聊中得知财务处会计日常工作比较忙，女儿下午放学经常没人接。正好自己家的孩子也在同一所学校，他便主动提出在会计忙的时候，自己可以帮忙接送他的孩子。这名客户经理解决了会计的后顾之忧，自然也得到他和他的同事们的好评，他们有什么存款、结算的业务也都优先选择这家银行来办理。

当然，在为他人提供帮助时，要掌握好度，避免过度付出导致自己疲惫不堪。同时，也要确保你的付出不会让他人产生依赖心理，影响他们的自主能力。

（3）乐于分享

托马斯·科里在《富有的习惯》一书中说，很多白手起家的富人，通过参加志愿者活动，比如加入商业引荐联盟、社区企业顾问团、民间组织的俱乐部、非营利组织等，分享成功经验，拓宽人脉资源，同时也为其下的公司职员树立了良好的社会榜样形象。

26 推诿责任
甘当“二传手”、遇事“踢皮球”是职场大忌

案例

李军是一个部门主任。在一次部门会议上，李军主持会议，同事们讨论了一个提高生产效率的计划，最后产生了很多争议和分歧，李军却没有表态。

接下来，李军私下找到了与他意见一致的同事们，让他们在会议上说出自己的观点和建议，而他则一直保持沉默，没有表达自己的态度。会议结束后，李军随意地发表了一下自己的看法：“各位同事的想法都很好，建议大家再仔细研究一下这个问题。”然后匆匆离开会场。

过了几天，该计划遭到了领导的批评，对方认为这个计划

不切实际，大大影响了部门的生产效率。部门领导于是找到李军，责怪他没有给出自己的意见和建议，从而导致了这样的结果。而李军则把问题归咎于其他人，并且指责领导和同事们没有团结一致，缺乏决心和勇气，因此导致了这个计划的失败。

分析

上述例子体现了李军善于运用权术和推诿责任的特点。他没有明确表态，让与他意见一致的同事为他说话，而他自己则抱着“看热闹不嫌事大”的态度。当计划遭到挫败后，他又把责任推给其他人，显得有些没担当。这种行为可能能够让他搞定个别事情，但以后很可能会被别人识破，反而失去他人的信任和尊重。

遇事喜欢推诿的人，不外乎有以下几个原因：一是缺乏责任感。这类人往往不愿意承担自己的责任，总是把问题归咎于他人或外部环境。这种思维方式容易让他们在面对困难时选择逃避，而不是积极解决问题。二是缺乏主动性。遇事推诿的人往往不愿意主动承担责任，他们更倾向于等待别人来解决问题。三是缺乏创造力。遇事推诿的人通常视野狭窄，没有自己独到的思想，只能当别人的“二传手”，没有能力发现问题，也没有能力去解决问题。四是缺乏团队协作精神。遇事推诿的人往往不愿意与他人合作，他们更关注自己的利益，而忽视了团队的整体利益。这种思维方式会让他们在职场中难以建立良好的人际关系，从而影响团队的凝聚力和执行力。

尝试

作为职场人士，我们一定要避免落入以上陷阱，要勇于承担责任，拓宽视野，发挥创造力，积极应对问题并创造更好的解决方案。比如，当你在会议中想要建立“负责任”的形象时，你可以使用以下心理暗示法来让自己更自信、更有自觉性。

（1）捋起袖子

这个小动作可以让你感到更自信，感到自己已经准备好与人交流，即使你并没有真正做了什么。

（2）表达赞同和支持

在会议中，当一位演讲者讲到你认同的观点时，你要记得肯定他或者说出你的支持和认可，这可以让你更容易进入对话并参与讨论。

（3）倾听他人

当别人发言时，要认真倾听，保持注意力，这不仅可以让你更好地理解别人的观点，也可以为你的发言做出更好的铺垫。

（4）练习主动发言

在会议中尝试着主动发言，不要害怕被拒绝或被反驳，坚持自己的观点和看法。

27 铜嘴铁舌

主动道歉，退一步没你想的那么难

案例

在拥挤的地方不小心撞到了人，皮尔斯会不假思索地马上说一声“对不起”。但他在和妻子争论行驶方向的时候，却会向她吼道：“我告诉你，是 GPS 错了！这里向左走！”即便最后发现导航是正确的，皮尔斯却依然寻找借口反驳“你也总是找错路”或者“GPS 老是出错——这不关我的事”。

他的妻子对此忍无可忍，明明只是一些毫无必要的冲突，一句“对不起”就能化解的错误，为什么要使他们之间本来甜蜜的关系卷入一场大战呢？

分析

在日常的工作生活中，难免会有意外发生，而面对意外时的态度却影响着他人对我们的评价及信赖。

“我错了。”“是我没注意到。”“那不是我的本意。”“我实属不该，我道歉。”如果有这种承认错误的勇气与态度，对方一定会认真打量评估我们。

但实际生活中，我们却常常这样应对：“这不怪我。”“是他们配合不到位。”“是我运气不好，我也是受害者。”这种表面上、口头上的过度防范，恰恰会让我们失去对方的信赖。

尝试

让我们来试试美国心理学家和沟通专家罗伯特·迪尔茨的“准则层次技术”，来化解我们承认错误和乞求原谅过程中的内心冲突吧。在开始之前，先排列出这样的四个位置：

▲ 图 5-1 准则层次技术的四个位置

① 在位置 1 处确定你要做什么，在这里我们要做的是：主动道歉。

② 走到位置2，确定促使你想实施这个行为的原因。例如：我想主动道歉，好让领导改变对我不好的印象。

③ 走到位置 3，找出阻止你真正实施渴望行为的原因。例如：我没有主动道歉，是不想让同事知道我犯下了错误而轻视我。

④ 走到位置 4，找出能超越第三步的更高原因。例如：我很重视自己的家庭，看见家人因为我的收入而幸福健康，我会很高兴。

⑤ 现在，你可以回到位置 1，将最高原因用于促使你做出

渴望的行为，以克服限制性障碍。例如：我的行动可以保证我的收入继续维持稳定，不就可以显示出更多对家庭的责任感吗？

⑥ 接下来走到位置 2，调整与渴望行为有关的原因的内在表象，使之符合你用来确定最高准则的依据。例如：主动道歉后看到领导友善的态度，看到家人健康和幸福并觉得不错，告诉自己这有多么重要。

⑦ 从位置 2 转到位置 3，探求允许你实现渴望行为且不违反限制性原因的选择。例如：是否有一种道歉方式，可以改善领导对我的印象，还不会让同事知道我犯下了错误？

28 不敢求助

求助也是与他人建立连接的良机

案例

凯蒂是一家软件公司产品开发部门的主管，由于销售部门承诺在几乎不可能完成的日程下，为顾客提供高端定制化的产品，这让她的工作难以推进，销售部门原本很好的品牌形象也受到影响。

凯蒂深感挫败，决定组织一场和销售部主管的会议，给他们讲讲产品研发的流程。会议上她惊讶地发现，多数人并不清楚研发过程中涉及的工作内容，换言之，他们并不知道自己该怎么配合。

她十分气愤，她不明白为什么在面临进展不顺的困境时，销售部门没有任何一个人来问一问她，或是到研发部门来寻求帮助？

分析

“因为现代人没有办法知道自己所知以外的东西，他不可能全知全能。如果没有任何一个人来指导他，他就会迷失在我们这个广阔的技术复杂的世界里。”勒内·基拉尔在他的著作《从地下复活：解析费奥多尔·陀思妥耶夫斯基》中如是说。

能够指导你的人是谁？基拉尔继续解释：“如果你想要了解罗马城里的餐馆，美食节目记者帕拉是这方面的专家；家政女王藤麻理惠是居家整理领域的专家；而如果你想要成为电子游戏主播，那理查德·布莱文斯，一位绰号‘忍者’

的电子游戏专家可以帮助你，他的游戏直播创下 65 万人同时在线收看的纪录。”

会者不难，难者不会，你自己花了很长时间都没有解决的难题，在别人眼里可能只是举手之劳。术业有专攻，敢于麻烦别人，才能向别人学习，才能获得更大的进步。向别人求助，某种意义上也是与他人建立连接的良机，通过这样的机会扩大自己的交际圈，开阔自己的眼界，成为更好的自己。

与很多人预期中自己的求助大概率会被拒绝不同，其实大部分被求助的人都非常愿意伸出援手。康奈尔大学的教授瓦内萨·博汗斯评估了一组由她和同事完成的实验数据，结果发现当人们向陌生人求助时，对方提供帮助的比例，要比求助者预计的平均高 48%。

所以，不要担心被拒绝，面临困难时，大胆、礼貌地向别人寻求帮助吧！

尝试

参加付费学习社群，接触各行各业的大咖，是一个寻求帮助的很好的办法。近几年来，知识付费学习方兴未艾，帆书、得到等 App，秋叶私房课、剽悍一只猫的商业私塾等知识社群，纷纷涌现出来。

一个很有趣的现象是，参加那些付费学习社群的人，很多都已经事业有成。企业高管、高校老师、社会细分领域达人、畅销书作者，这些“大神”越学习越感觉知识匮乏，越学习越感觉到新知识迭代快。他们的知识领域（即舒适区）越大，和这些领域接触的学习区就越大，也越激发他们学习的积极性。作为平常人的我们，更要主动寻找机会，加入这样的学习群体，通过主动学习，获得更多知识，结交各种社会资源，壮大自己的实力。

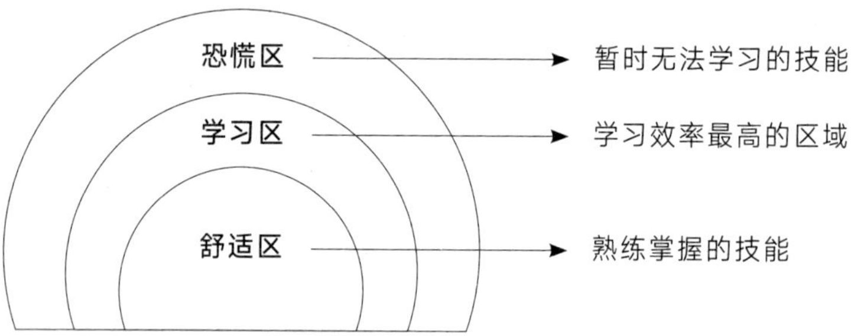

▲ 图 5-2 认知世界的三个区域

以我参加的秋叶私房课为例，与我一起学习的学员有三百多位，涉及教育、外贸、亲子、消防、短视频、写作、沟通、心理、理财、企业管理等众多领域，于我而言，进入一个班，学到一门课，还能与三百多位各行各业的老师为伍，可以说受益匪浅。

29 不愿放手

管理者不要“事无巨细”，而要“充分授权”

案例

小松公司的王总是从业务员做起，从基层一步步升上来的。小松虽然很敬佩他，却始终对他有一点不满，因为他太事无巨细了，什么事都要过问。

小松自己本就有10年工作经验，做单子做了一年，几乎没有产生差错，但是新单子来了王总还是要问流程，要和客户说一次，又和他再说一次；事情明明都已经安排好了，还要和他汇报；说过一次的事情也要再问。小松不厌其烦，考虑坚持到年底就辞职不干了。

分析

小松的领导因为不肯放权，使自己的公司损失了一名经验丰富、能力优秀的业务员。在这一点上，我们可以从汉高祖刘邦身上得到启发。他有一席话因为饱含智慧而流传千古：运筹帷幄之中，决胜于千里之外，吾不如张良；镇守国家、安抚百姓，不断供给军粮，吾不如萧何；率百万之众，战必胜，攻必取，吾不如韩信。三位皆人杰，吾能用之，此吾所以取天下者也。这段话充分体现了刘邦作为一名最高决策者的管理智慧：将合适的人放在合适的位置上，给他们足够的信任，充分授权。

在现代职场中也是一样，作为管理者，只有给下属以信任，而不是处处干涉、事事过问，才能让下属充分施展自己的才能。以北欧航空公司董事长卡尔松为例，他是一位愿意给部下充分信任和自由的管理者。在阅览过六西格玛管理顾问的汇报资料后，卡尔松让他放手去做。四个半月后，管理顾问汇报这几个月的成绩报告，公司不仅成为北欧最准时的航空公司，甚至还节省了 60 万美元的经费。古往今来，这样的例子不胜枚举，也充分证明了懂得如何放权的领导才是好领导。

但在实际工作中，总有一些管理者喜欢事必躬亲，他们对下属的工作不信任，不放心；还有一种管理者，他们很注重过程管理，于是，他们实行典型的指令型授权，这种授权方式给下属造成了极大的心理压力，同时也滋生了下属的依赖性。这两种管理方式带来的消极结果都是：整个团队毫无生气，毫无创造力，目的的达成与否全系于管理者一身。这些都是我们要竭力避免的。

尝试

当然，放手并不是直接撂下担子不管，而是领导者要学会引导下属发挥他独特的创造力，并鼓励其果断尝试。下面是几种对他人较为有效的引导练习。

① 让对方想出一些自己所怀疑的事情或情境，注意使用否定性词语，比如“对我来说，我不可能……”“我没办法……”等。

② 分别用以下说法鼓励对方：

“如果（你可能 / 你有办法），会发生什么？”

“表现得就像（你可能 / 你有办法），那会怎样？”

“想象你已经能够处理（你不可能 / 你没办法）的情境，那么你所想的、所做的会有什么不同？”

③ 如果对方还有其他的顾虑，你可以继续询问：“如果你表现得就像已经处理了这个问题，你的回答会有何不同？”

不能抗压

第六章

>> 接纳缺憾是成长的开始，化解压力是生活的艺术

《财富（中文版）》杂志对 1576 名高级管理人员所做的一项调查显示：近 70% 的高级管理人员感觉当前承受的压力较大，其中 21% 的人认为自己压力极大。高级管理人员尚且如此，对我们普通人而言，压力更是始终伴随左右，时刻影响着我们的生理、心理和行为。

2019 年，清华大学国际传播研究中心与澳佳宝研究院联合发布了《中国职场女性心理健康绿皮书》，其中提道：约 85% 的职场女性在过去一年中曾出现过焦虑或者抑郁的症状；约 90% 的职场女性出现过不同程度的负面情绪，有心理或生理的不适症状；近 50% 的人表现出易怒、着急的情况。

然而，终其一生都在研究人类及其潜能的心理学家阿德勒发现，人类最不可思议的特性正是其所拥有的反败为胜的力量。

这种力量既是生理上的：外科医生阿贵列德在医学解剖过程中发现，人体患病器官的机能反而会比正常器官的机能更强大。为此他撰写了一篇颇具影响力的论文，从医学角度进行了分析，他认为患病器官因为和病毒做斗争而使器官的功能不断增强，假如两只相同的器官，其中一只死亡后，另一只器官就会努力承担起全部责任，这只健全的器官会变得更加强壮。

这种力量更是心理上的：在困难来临时，抗压能力强的成功人士不会将自己置身于颓废和悲观的情绪之中，因为他们明白，一味沉溺于负面的情绪中也改变不了现状，与其在痛苦中让事情变得越来越糟，还不如更加积极地面对挑战。“井无压力不出油，人无压力轻飘飘”，适度的压力甚至可以激发人的潜能，提高做事效率。在实际生活中，也有不少人喜欢挑战，喜欢在压力下学习和工作。

那些被压力击溃的人究竟犯了什么错误，才使得这份人类天性中就拥有的“礼物”无法发挥出它应有的力量？

30 抗挫力弱

放大你的心理框架，平静接受挫折

案例

哈尔此刻正面临一场困境：他要打破一项几乎不可能的纪录。

在哈尔的学生生涯中，他只是约塞米蒂高中一名糟糕的学生，成绩是 C，从未参加过任何体育比赛，也没有加入任何一个俱乐部，还会时常被同学欺负。他只取得过一个纪录——在一个学年里被罚留校时间最长，整整 178 个小时。他的父母绝对不会因为他取得这份“成就”而骄傲。

踏上工作岗位后，哈尔决心改变这个平庸的自己，事实上他也确实做到了。在 14 天的业务推进期内，哈尔成功完成了 2 万美元的销售额，50 年来整个公司也就只有几名销售代表实现过。然而正当他斗志昂扬之际，销售经理带来了一个不亚于晴天霹雳的消息：因为大会提前，他的下个业务推进期只剩下 10 天了，同时他还要卖出原先 14 天才能卖出的 2 万美元的产品。

哈尔感觉这个目标毫无意义而且不可能实现，他被对失败的恐惧压垮了。

分析

美国宾夕法尼亚大学研究发现，决定一个人成功的关键在于抗挫力。一些逆境本身压不垮人，但面对逆境而态度消极的人，容易陷入失败和困惑的阴影里，因小问题产生负面的情绪，又进一步放大了问题。抗挫力弱的人，碰上难题就灰心，遇到困难就绕着走；抗挫力强的人，就算坠入谷底，也会充分激发自己的潜能去奋力爬坡，一路披荆斩棘。

作家丁玲说：“逆境是事业之路的不速之客，对于一个有思想的人来说，没有一个地方是荒凉偏僻的，在任何逆境中，他都能充实自己。”所以，强者从不抱怨环境，而是努力改变环境。

很有意思的“猴子屁股”理论创设过一个情境：将职场比作一棵爬满了猴子的树，往上看都是猴屁股，往下看都是猴笑脸。其实每个人都是这样一只爬树的猴子。当你在基层时，你在最底下，你向上看，全是红红的屁股，没人给你好脸色，所有人都打击你。这个时候，你得承受住所有的委屈，有足够的耐心和足够的心力，积极乐观地向上爬，不断精进自己，直到爬上去往下看，就能看见满满的笑脸。

尝试

积极还是消极地对待逆境这位气势汹汹的“客人”，取决于我们心理框架的大小。我身边发生过这样一件令人悲伤的事：某小孩仅仅因为上一场考试的成绩不理想，依据排名被分到另一个考场考试，就选择结束了自己的生命。心智尚未成熟的少年因为经历太少、心理框架太小，导致抗挫能力不强，成人眼中的一个小问题就能将他们击溃。

下面提供一个小方法，依照以下步骤，学着放大自己的心理框架，激发出迎接人生挑战的勇气吧！

① 回想一个你觉得在某方面让你感觉困难、失望或痛苦的情境。

② 当前你看待这个情景时，使用的框架是什么？例如：个人、群体、社会、过去、未来、具体事件、作为孩子、作为成人等。

③ 改变框架，让它更加宽广，能包含更多的时间跨度、更大的人群范围、更大的系统等。例如：哈尔意识到自己最后获得的最大回报不是实现 10 天内 2 万美元销售额的目标，而是在实现目标的过程中自己积累的经验和坚持的毅力。

31 代人受过

拒绝受害者思维才能成为强者

案例

一只猴子在寻找食物的过程中被树枝划伤，留下一个伤口，其他的猴子看到后，纷纷对它表示关心。于是，一有猴子问询，这只猴子就会扒开自己的伤口给对方看，不断抱怨着自己的运气，咒骂当时边上的猴子为什么不提醒自己。

它希望得到对方的关爱和安慰，然而路过的猴子只会短暂地观看伤口、叹息一声，并不能帮它消除伤痛。最后，这只猴子因为伤口一次次被扒开而感染，很快就死掉了。

分析

这只猴子所展现出的，就是阻碍一个人正确认识自己从而走出困境的最大绊脚石——受害者思维。这些所谓的“受害者”们在现实里并不罕见，他们往往会认为自己的问题都是在“代人受过”。看着同事升职加薪而自己没有，就抱怨领导偏心，看低了自己；生活不顺心就责怪孩子不听话、家人不体贴，害得自己操碎了心；和朋友关系不协调，就吐槽对方不理解、不支持、不帮助自己，让自己付出多回报少，处处难堪。

这样的人在遇到挫折和问题时，往往会认为自己的不幸是由于其他人的错误引起的，对自己的运气感到不满。而在成功时，他们则认为表彰、涨绩效、加薪、升职都是理所当然的，却不会意识到组织的培养和其他人的支持在其中发挥的作用。失败时总是将问题的缘由推卸给别人，成功时则会沾沾自喜、目空一切，这是受害者思维的常见表现。

然而，将问题的缘由推给他人并不能减轻自己的压力，相反，挫折和困难是成长和锻炼的机会。就像锻造钢铁一样，“困难与磨难对于人来说，是一把打向坯料的锤，打掉的是脆弱的铁屑，锻成的则是锋利的钢刀”。如果你不亲自去经历这些困难和挑战，你将永远无法成为一个真正强大和优秀的人。

尝试

生活的一大痛苦在于它无法被我们掌控，为了应对这种失控感，有些人（还有上面故事里的猴子）就会为自己找到一个

“加害者”来解释所有问题，这会让他们心理上好过一点，但无益于问题的解决。

现在，让我们试试“5 分钟法则”。这个方法并不鼓励你合理化自己所遭遇到的困境（她安慰自己“是因为他拖了我的后腿才没有完成工作的！”），而是在手机上设置一个 5 分钟的计时器，在这 5 分钟内，你可以哭泣、吼叫、捶墙，做任何让你感到可以发泄情绪的事情，直到计时器响起，请你大喊：“无法改变！”

说出“无法改变”的目的是让自己亲口承认，导致我们痛苦的不是环境、他人或事件，而是我们自己不愿接受现状并继续前进的态度。5 分钟后，那些“加害者”们将不会继续困扰你的人生，因为你已经拿回了对自己人生的掌控权。

32 自我攻击
解除心灵的枷锁，学会与自己和解

案例

每次在截稿的两三天前，小茹都会大病一场，脑子里止不住地胡思乱想，从工作再到前途，一茬接一茬。这些负面情绪表现在身体上，轻则让她精神萎靡，重则让她头痛欲裂甚至卧床不起。

小茹的编辑很体谅她，总会将截止日期延后几天，这让她在松了一口气后又萌生了新的焦虑：我太没用了，要这样麻烦她，还要拖累整个团队的进度。交稿后，小茹决定去医院就诊，想让医生为自己开一点安神的药，起码能够让自己睡得好一点。医生却当即指出："你这明显就是抑郁症，需要接受治疗。"

分析

巴里·施瓦茨在《选择的悖论：用心理学解读人的经济行

为》一书中说：如果一个人长时间处于一种缺乏选择的状态，大脑潜意识会慢慢认为做任何事情都无法改变现状、改变自己的命运，于是会进入一种习得性无助的状态，变得更为消极，即便情况改变，有机可乘，也不会去行动。这种情况严重时会导致个体免疫力下降，甚至会抑郁。听起来是不是很熟悉，这不就是小茹的情况吗？

如果说受害者思维是将他人作为解释自己失败的答案，那小茹体现出来的自责就是将自我作为了攻击对象。《装在套子里的人》的主人翁别里科夫，总认为生活会出现乱子，所以每天出门时，即使是晴朗的天气，也会带上雨具、穿好鞋套和暖大衣，他生活在自己臆想的担忧里，最后也在忧虑中逝去。现实生活中，也的确有许多人在担忧和自责中生活、工作，“我真差劲，这点事都办不好”“我的嘴太笨，情商太低了，话都不会说”“我太失败了，到现在还一事无成，其他同龄人都混得风生水起的”“我不配拥有这些，因为我不够优秀”……这些无声的内耗会让人身心疲惫，最终一事无成。

在人生的征途中，和自己和解是每个人必修的一门课程。我们或许不善言辞，但做事认真踏实，让人放心；我们或许文化水平一般，但一直勤勤恳恳，任劳任怨；我们或许年纪轻轻，事业刚刚起步，毫无经验，但勤奋好学，敢闯敢拼；我们或许家境普通，但家庭和睦，生活其乐融融。学会相信自己，欣赏自己，不再贬低自己，美好世界的大门才会向我们敞开。

尝试

小茹本可以将自己的不安焦虑转化为动力，而不是对自己的能力进行质疑。哈佛大学的研究团队曾让学生参加当众演讲、数学测验等容易让人感受到焦虑的活动，并指示一部分学生在感到不安时试着大喊，结果大喊了的学生演讲评分提高了 17%，数学考试成绩提高了 22%。

因为人在感到不安和兴奋时身体产生的变化是一致的，通过语言将不安理解为兴奋，就能够增强抵御消极和自责的积极情绪。下次在面对堆积如山的工作、发挥失常的任务时，试着大喊。

33 无法“再燃”
不要被第二次失败击溃

案例

蕾切尔 37 岁的生日礼物是来自医生的通知。“你的癌细胞已经扩散到了肝脏和淋巴结，”医生这样告诉她，“你必须接受姑息性化疗。”

姑息性化疗的目的只是缓解症状，这说明蕾切尔的肿瘤已经不能被切除了。她看着自己的两个孩子，决心拒绝这种命运，就连她的医生也对她保持的积极乐观态度感到震惊。尽管最初的预测很糟糕，但经过一轮化疗后，蕾切尔的肿瘤缩小了，可以做手术了。

一切向好，直到 2019 年 11 月的一个夜晚，蕾切尔突然感到呼吸困难，此后她每隔一天就要到急诊室里抽干自己左肺中的水，医生说：“蕾切尔，这看起来像是急性淋巴细胞白血病。”蕾切尔患上了另一种癌症。

蕾切尔一直坚定的信念动摇了，她十分悲痛：我已经死过一次，为什么这种事还会发生在我身上？

分析

大多数人其实都具备了一定的抗压能力，在第一次遭遇困难、干扰、挫折后，都能或多或少打起精神，重整旗鼓并从中吸取经验教训。但真正能够体现出普通人与优秀的人的差别的，却是在对后继挫折的应对上。

你能始终充满激情、充满干劲，充分调动自身的智慧和潜力，产生强大的内在动力，持续保持昂扬向上的状态面对任何艰难险阻吗？你能一而再，再而三地从死灰中“再燃”起自己的希望和动力吗？有的人能够坚持从最开始的困苦中攀至巅峰，却在再度跌落时忘记了最初的自己是如何奋斗的，从此沉寂一生。而一个抗压能力强的人则允许自己失败，却不允许自己倒下。因为失败是一时的，可以激励自己往上走，但倒下就是永久失败了。

尝试

约瑟夫·坎贝尔在谈及“英雄之旅”时格外强调“掉入深

渊”对于英雄的意义，真正的英雄都需要屡次掉落进深渊，数次经历人生的黑暗时刻，才能领悟人生之道。这些经历不仅对英雄有特别价值，对每一个普通人也同样有意义。让我们试着模仿神话中的英雄，学会不断自我强化信念，直到再一次从深渊中站起。

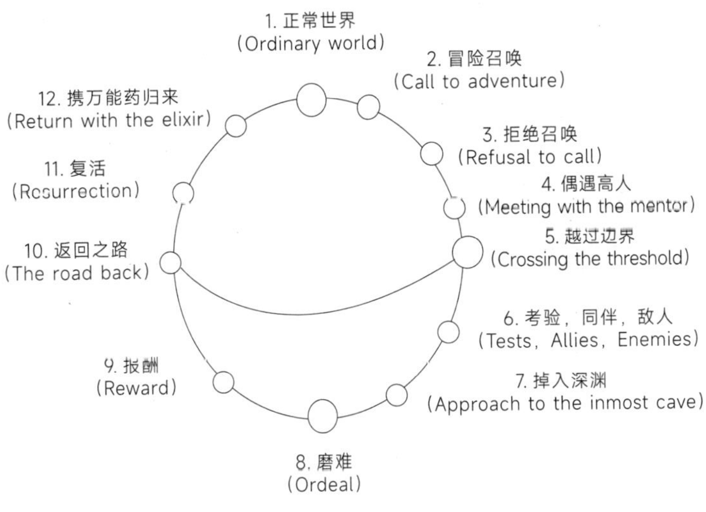

▲ 图 6-1 约瑟夫·坎贝尔的“英雄之旅”模型

① 找出一个对你来说很重要、想要强化的核心价值观，完成价值陈述。

举个例子，让我们代入蕾切尔的视角来试试看，对于蕾切尔来说，健康很明显是她最想要强调的。

健康（价值观）很重要并令人渴求。

因为我：想要力量来继续生存。（它为什么令人渴求？）

因此我：要保持积极治疗的心态，并用合适的方式照顾自己。（要采取怎样的行动才能实现这一价值观？）

只要我：保持第一次面对死亡的态度。（关于这个价值观的关键情境或者条件是什么？）

所以我：需要为家庭做出一个正向的示范。（这个价值观的正面目标是什么？）

② 完成之后，通读你的答案，注意有哪些地方改变了，哪些被加强了。

34 被人左右

确定心锚，永不言弃

案例

有一个流传的关于著名作家莫言的小故事，其中透露的道理值得我们思考一二。

莫言请人吃饭，酒足饭饱之后桌子上还剩很多饭菜，他不忍浪费便继续吃了起来。这时，有人讽刺道："瞧瞧莫言吧，非把他那点钱吃回去不可。"当时的莫言，好像挨了一记响亮的耳光。

后来，莫言在赴宴之前，喝了两碗稀饭，吃了两个馒头，垫饱了肚子。在宴席上，他吃得慢条斯理、温文尔雅。结果一人却说："看看莫言那假模假样的劲儿，好像他只用门牙吃饭就能吃成贾宝玉似的。"

分析

心存偏见的人对人对事都有着自己的一套判断标准，事情的对与错、是与非，全凭他自己而定。而作为当事人的我们，不必太在乎别人的看法，不要和有偏见的人做多余的解释和争论。和无知、小气的人争辩，只会白白增加我们自己心理上的压力，同时浪费我们的时间和精力。

除此之外，过于担心被拒绝也是被他人看法左右的一种表现。对抗压能力较低的人来说，被他人拒绝就等同于被他人否定自己的价值。但是我们可以从许多成功人士的经历中得到启示。例如，西尔维斯特·史泰龙的电影剧本《洛奇》被拒绝了 1855 次，马克·维克托的《心灵鸡汤》曾被拒绝 144 次，甚至连大名鼎鼎的《哈利·波特》也曾被拒绝 12 次。如果我们想要成功，必须敢于接受拒绝，并且从失败中积累宝贵的经验。

处理拒绝的秘诀在于永不言弃。虽然每个人都会在某个时候遭遇到拒绝和失败，但是那些敢于坚持，并且保持积极乐观态度的人，最终往往能够克服挑战并取得成功。只要你坚守信念，不断努力迎接挑战，即使成果的获得不能立竿见影，你也会在不经意间获得更多的成长和收获。

尝试

确定一个独立思考、保持冷静的心锚，能使得你在他人言语或行为的冲击中保持理性思考，不会因此而改变自己的行为、信念和初心。

① 在你面前选择一个明确的物理位置，作为你受到影响时想要接近该状态的空间锚。

② 记住你体验到的这个状态，并充分感受这种体验，察觉此时的感受、呼吸模式等。

③ 整理关于这个状态的生理线索清单和情绪感觉清单。

④ 选一种具体的颜色、符号或者其他具体的内在线索，来帮你记住这个状态。

⑤ 离开那个位置，摆脱这种状态，然后检验你的心锚：回到选定的空间位置，用内在线索回到那个状态。

⑥ 多次练习，你就能熟练把握它了。

缺乏专注

第七章

>> 成功需要专注，而专注需要意志和技巧

谷歌公司是一家以创新和高效著称的公司，他们非常重视员工的专注力。为了了解专注力对员工工作效率的影响，谷歌公司进行了一项代号为“亚里士多德”的研究。这项研究的目的是找出哪些因素最能预测团队的成功。

在这项研究中，谷歌公司分析了 180 个团队的绩效数据，包括团队的组成、团队成员的技能、团队的工作方式等。研究人员发现，一个成功的团队并不一定拥有最聪明、最有才华的成员，而是那些成员们能够保持高度专注。成员们保持高度专注的团队在完成任务时更加高效，他们的工作成果也更加出色。此外，这些团队的成员在面对困难和挑战时会表现出更强的适应能力和解决问题的能力。因此，提高自己的专注力是每个职场人士都应该关注的重要课题。

专注还会产生复利，也就是说，规模积累到一定程度，就会涌现出完全超越想象的结果。学习编程的人一定有这种感受：一开始模仿别人写，写着写着感觉就来了，完全可以自己写下去。当进入一个高阶状态后，就下笔如有神，甚至本人都不知道自己怎么能顺利写出如此多高质量的代码。因为当你专注某一领域的时候，你的思维自然会不自觉地围绕着这个领域运行。我此前为了写《团队沟通：从新手到高手》一书，专注于研究沟通领域，就连看电视剧《隐秘而伟大》《天盛长歌》等，都会把电视剧中的情节与职场沟通联系起来，吸收成研究案例。在这种情况下，我不觉得累，反而有着高度兴奋感及充实感。

但是，在现实生活中，经常有“职场小白”因为缺乏专注而落入成长陷阱。

35 漫不经心
全力投入，享受专注之乐

案例

鲁国的乐官师襄曾指导孔子弹琴奏乐，第一首曲子孔子学了整整十天，师襄说：“弹得不错，你可以学习下一首了。”孔子却婉转回绝了：“我只是弹对了弦音而已，还没有掌握旋律呢，再让我学几天吧。”

几天后，师襄认为孔子对旋律已经很熟悉了，提议继续教授他下一首乐曲，孔子却再次拒绝道：“我还没能从琴曲中察觉到它所包含的内容，还不能学习另一首。”又过了几天，师襄肯定了他所表现的琴曲内容，未等张口，孔子便恳求道：“请再让我练习一下吧，我还没感知到作曲者本人呢！”师襄也为之动容，不再催促他了。

终于有一天，孔子兴奋地拜见师襄道：“我知道了，我知道了！这个人又高又大、皮肤黝黑，遥望着远处好像在沉思，琴曲中表现出要统一四方的远大志向，这不就是周文王吗？”

师襄离开座位，向孔子行大拜之礼：“您说得太对了，这曲子正是名为《文王操》啊！”

分析

美国社会学家做过一项调研，调研数据表明，人生计划比如减肥、戒烟等，能坚持一周的人约有 70%，坚持一个月的人约有 64%，坚持半年的人约有 46%，坚持一年的人约有 10%，最终能实现目标的人占 8%，从中可以看出，专注程度决定了目标计划成功与否。

如果孔子的目标只是弹对弦音，那他只需要专注训练十天，但如果他的目标是从弹对旋律、知晓内涵，到最后了解作者的为人，他需要专注训练的时间自然更长，程度也要更深。但如果他在一开始的十天内就缺乏专注，那这些目标也只是空谈，甚至连指导的师襄也会不屑为伍，更别提表现出辟席再拜的尊敬了。

现实中也有海量案例证明，专注能获得回报。比尔·盖茨是全球知名的企业家之一，他的成功在很大程度上归功于他的专注。他在哈佛大学读书时就对计算机编程产生了浓厚的兴趣，之后他放弃了学业，专注于开发软件。后来，他和保罗·艾伦一起创办了微软公司，专注于开发和销售个人电脑操作系统。在早期，微软的竞争对手包括 IBM、DEC 等大型公司，他们都有自己的操作系统。但比尔·盖茨和他的团队不惧压力，专注于开发用户友好、易于使用的操作系统，这使得微软的 Windows 系统在市场上取得了巨大的成功。微软的成功并不是一夜之间的事情，而是通过多年的专注和努力实现的。比尔·盖茨曾经说过："我选择了一个非常狭窄的领域，然后全力以赴。"这就是他成功的秘诀。

这个案例告诉我们，专注可以帮助我们在竞争激烈的市场中脱颖而出。只有当我们专注于目标时，我们才能取得最终的成功。

尝试

通过回答下面这些问题，你能为自己创造出一个专注的环境，并把那些会影响你专注的东西找出来，扔到工作间外面去。

① 在什么情况下，你曾真正保持全神贯注的状态？

② 你如何使自己达到并保持这样的状态？

③ 在什么情况下，你会无法集中自己的注意力，并倾向于同时处理多项任务？

④ 哪些行为会使你从专注的状态转移到难以集中精力的状态？

⑤ 什么会帮助你进入专注状态？（例如手机提醒、便利贴、坐在你附近的同事的提醒、挂在工作间墙上的提示牌等）

____

____

36 无法放松

过于绷紧的弦，会断

案例

李青觉得自己无时无刻不在忙于工作，根本没有时间休息，也没有办法放松。很多人在紧急情况下会把工作带回家中处理，但对于李青而言，家和单位已经被赋予了同一种概念：处理工作的地方。

她总是忍不住将思绪停留在未完成的任务、未解决的事务以及潜在的冲突上，担心一旦放松了心中的那根弦，糟糕的问题与突如其来的坏事就会出现，自己必须做点什么防止问题出现。

这种紧绷感正踩着油门，将李青的身体状况和心理健康加速推向崩溃的边缘。这种状态严重影响了李青在工作上的专注力，使她一直处于精神恍惚当中。

分析

一提到保持专注，大部分人首先想到的对象通常是工作或者学习。然而，对另一些人来说，如何专注于放松却是一项巨大的挑战。放松意味着与工作保持一定的距离，以便更好地完成工作任务并保持身体健康和精力充沛。

但是，世界上并没有一种适用于任何人的通用放松方法。很多人所谓的“放松”方式，不见得真正对他们有益，更不用说对工作的长远发展产生实际帮助了，其中最糟糕却盛行的一种放松方式就是大量浏览无效信息。因为快速变换的影像会对人类大脑中数以十亿计算的神经连接产生影响甚至损伤，而这些精微的神经连接正是保障注意力机能的关键所在。

尝试

瑜伽等体育运动、沉思、阅读、烹饪、与家人或好友交谈、参加正念减压课程，甚至什么都不做，都是放松的方式。

找到适合自己的放松策略最有效的方法就是大量尝试，并及时填写行为反馈。

① 请列出你已经尝试过的，可以帮助你真正放松，从而提升精神专注力的事情，如与家人共进晚餐等，描述得越详细越好。

____

____

② 其中哪些活动会让你感到消耗了更多自身的能量？这些是你该选择减少或者放弃的活动。

____

____

③ 其中哪些活动给你带来了活力？你该怎样在自己的生活中融入更多这样的活动？

____

____

____

37 规划不足

专注需要意志，更需要规划

案例

地球的两端——南极极点与北极极点，曾是探险家们雄心勃勃，立志要留下人类足迹的地方。1909 年，美国海军第一次将星条旗插在了北极极点，此后不久，一场由阿蒙森率领的挪威探险队和斯科特率领的英国探险队对于登陆南极极点的争夺也拉开了帷幕。

历史已经告诉了我们答案，关于谁才是这场竞争的胜利者。挪威探险队最先到达了南极点，他们在郑重地插上了挪威国旗后，于 1912 年 1 月 25 日返回了营地，全程用时 98 天。一个月后，英国团队姗姗来迟，只能沮丧地在挪威国旗旁边为英国国旗寻找位置。可跟挪威队不同的是，英国营地再也没有等到哪怕一个队员回来。

后来，人们寻找到了队长斯科特生前留下的日记，才发现了造成两个团队天差地别的命运背后的一个重要原因：阿蒙森团队坚持不管天气好坏，每天都要专注前进 30 千米；斯科特团队则随心所欲一些，天气很好就走得非常快，可能一天走 40 千米到 60 千米，但是天气不好的时候，他们就睡在帐篷里，吃点东西，诅咒天气恶劣，抱怨运气不好，等着天转晴再出发。

分析

阿蒙森团队无论天气好坏每天都坚持前进 30 千米，这种既定的规则使他们能够克服困难，专注目标，最终首先到达南极点并成功回归。在职场中，为了克服干扰，专注目标，我们通常也会采用做规划、列清单的方式。比如，在统筹安排工作时，创建任务清单，列好时序进度，然后把做完的工作一项接一项划去。人类的天性是趋乐避苦，所以光靠意志力来控制自己的专注力，是不可持续的。借助合理的规划，确定一个合理的时间框架和目标，有助于我们更好地在合理的时间内完成目标。在规划时，应避免过度地多任务处理，因为这会分散我们的精力和注意力，从而降低工作效率。相反，如果我们能将一项任务分解成多个小任务，并按顺序逐一完成，就能保持专注，保证效率。

尝试

布莱恩·特雷西是一位著名的职业发展专家，他在如何做好规划、保持专注方面为我们提供了有益的建议。

（1）设定明确的目标

为自己设定具体、可衡量、可实现、相关性强和有时间限制的目标，这将帮助我们保持专注并为实现目标增强动力。

（2）制订计划

为实现目标制订详细的计划，包括每个阶段的任务分解、时间表和资源分配。这将使我们更容易跟踪目标完成进度并调整策略。

（3）建立自律的习惯

通过每天坚持做一些小事来培养自律的习惯，如早起、锻炼、阅读等。这些习惯有助于培养我们强大的毅力。

（4）学会管理时间

合理安排时间，为重要任务留出足够的时间。避免拖延，确保每天都有所进展。

（5）建立支持系统

寻找志同道合的朋友或导师，与他们分享你的目标和挑战。他们的支持和鼓励将帮助你保持动力。

（6）庆祝小胜利

每当实现一个小目标时，给自己一些奖励，以激励自己继续前进。

38 三心二意
只挖一口井，你不可能是“全才”

案例

王薇薇很早便确定自己是一个热爱美、热爱线条、热爱讲故事并能引起他人情感共鸣的人，怀抱着这种认知，她对花样滑冰和服装设计两个领域都产生了极高的热情，两者都能直观地展现出人体曲线的美感，一个依靠身体的旋转以及手臂、腿部的伸展，一个依靠色彩和材质。王薇薇曾一度徘徊不定，但她很清楚，自己必须做出选择。

最终她选择在服装设计上实现自己的人生价值，她拿出自己早早起床练习滑冰的热情投身时尚领域，双倍的努力让王薇薇建立起了自己的服装帝国。

没有人知道费城的那场青少年双人花样滑冰锦标赛的第五名是谁，但人们都了解 Vera Wang 每年的商品零售额都在 10 亿美元以上，还有它的创始人的名字——王薇薇。

分析

社会学家齐格蒙特·鲍曼在《流动的时代》一书中写道，当代社会与过去的一个不同点是，过去人们常常因选择极其有限而痛苦，但现在人们常常因选择过多而痛苦。而在日常生活中，剔除天赋等因素，在多个领域都能取得成功的全才是很少见的。

王薇薇成功的很重要的一个原因就是，她在一开始就确定下了自己的内在动机——热爱美、热爱线条、热爱讲故事并引起他人情感共鸣，然后她从世界上不计其数的专业领域中抉择出了两个，但作为首要目标，两个方向还是太多了。她对比自身的能力极限与职业生涯的时效，最终确定下值得自己付出一生努力的时尚领域。

同样的选择也发生在华为公司的身上。在成立初期，华为其实并非只有做技术这一条路线可选，那时，房地产、金融投资等行业都势头正猛，短期收益惊人。曾有人建议任正非换个路线，做一些来钱快的事，但他毫不犹豫地拒绝了，一心一意坚持最初的选择，只走技术路线。正是这种清醒的认知和不为外物所动的专注，使华为一步步走向世界。

人的一生有太多选择、太多诱惑，只能在确定的首要目标上不断做加法，而不是在目标数量、方向上做加法。有些人将每天的日程排得满满的，关注的东西很多，但大多浅尝辄止，一阵新鲜劲儿过去，就不了了之。真正要用到这些知识和技能时，才发现自己是个半吊子。正如一个到处挖井的人，每一处都只挖几锹，只钻一尺，不深挖一处，怎么可能指望出水呢？那些口口声声宣称喜欢尝试新事物的人，不过是为自己的三心二意找了个冠冕堂皇的借口。

尝试

谁也不是全才，在面临诸多选择时，我们需要做减法，找到自己真正愿意坚持、能够专注付出的领域。你可以尝试问自己几个问题。

① 哪些价值观对你而言至关重要？（自由、稳定、家庭、独立、健康、财富等）

② 你对现下生活中的什么最感恩？

③ 对于现有的生活，你觉得最满意的是什么？

④ 未来的十年内，你仍然觉得这些都是你想要的吗？

⑤ 你的优势有哪些？

⑥ 你还想开发自己的什么潜能？

⑦ 你认为其他人是如何看待你的？在他们眼中你有哪些优势？

⑧ 为了更好的生活，你应该做些什么？

39 百无聊赖

为自己的大脑制造挑战

案例

主播爱莉通过七周锻炼，将自己的体重从 48 公斤减到了 44 公斤，腰围从 67 厘米缩减为 60 厘米，每天的下午六点至八点，只要你点开爱莉的直播间，就能看见她挥汗如雨的身影。

“我买过健身卡，也和朋友约过每晚跑步，但没有一次能坚持到第三周以后。”爱莉在闲谈时偶然提起，“实在没想到这次我竟然一天不漏地运动了七周！”

爱莉坚持运动的秘诀正是任天堂在 2019 年发售的冒险类健身游戏：健身环大冒险。玩家可以使用不同的健身技能来击败怪物，完成任务并通过关卡。爱莉在跑步的时候，特别喜欢按压手中的健身环发射空气炮，赶跑小动物。而所有的这些动作，在一关结束后又会变成经验值，这样就形成了一个正向的循环，促使她不断地运动下去。

分析

人类的大脑天然会对挑战产生兴趣，就像我们阅读有趣的小说时，不需要特别强迫自己也能专注地投入进去，因为小说中波澜起伏的情节为大脑提供“接下来会发生什么”的挑战，从而使你进入心流状态。

所谓的心流，并不是一项持续的、连续不断的专注活动，而是一个一个关卡接连不断、需要不停调动脑筋思考才能通过的闯关过程。每一个关卡闯过后，所带来的成就感和愉悦感，就是支撑我们不断专注下去的动力。

所以，为什么爱莉能够在健身环的帮助下坚持运动？因为它将每项运动任务转化为挑战，并且及时给予玩家正面的反馈：经验增加、等级提升、获得更多技能等。

尝试

试着将“大冒险”式的专注策略迁移到我们日常的学习活动当中，例如，在阅读非娱乐性质的文章或书籍时，可以采取以下策略，为自己的大脑提出问题、设置挑战，这一行为会帮助你在保持注意力的基础上极大地提高阅读效率。

（1）在阅读期间带入个人角度

读到作者主张的一种观点时，不妨问问自己：我是如何看待这一观点的？我认同它吗？手头这份阅读材料是否能为我的阅读目的带来帮助，比如能够成为我的创作素材或者帮助我通过某项资格证考试？

（2）抛出问题

针对阅读到的内容提出问题，同时对后续内容进行预测。

（3）转为己用

用自己的话向他人进行阐释或总结，这将会激发我们思考文字背后深刻含义的动力。

畏难苟安

第八章

» 人生无安稳的彼岸，只有挑战与机遇交织的波涛当前社会正处于前所未有的高速运转和动荡变化中，很多人或多或少都面临着压力。在时代的浪潮中，不是所有人面对难题都可以跑到孤岛上苟且偷安，我们仍需坚守职责，坐在工位上，听主管宣布新面孔的到来，或者看新闻传达数字化和人工智能带来的必然的工作领域的变革。

这是否意味着我们曾经的成功只是明日黄花，目前已无能为力，应该立即缴械投降呢？畏难者或许会望而却步，然而勇于挑战的人则会正视这一机遇，努力去改变现状。

面对种种挑战，犹豫、消极应对或主动放弃都不是最好的选择。相反，积极主动地寻找改变的机会，增强自己的实力和能力，才是更好的应对方式。

审视自己在生活中有没有出现过接下来要讲的这几种心态，如果有，就意味着我们必须立刻找回被舍弃的灵活性，它既包括思想的灵活，也包括行动上的灵活，因为它是应对动态世界的最佳答案。

40 沉溺舒适

没有放不下的“铁饭碗”，只有拿不起的“金饭碗”

案例

1991 年，程珥大学毕业后，便进入了当时的市利税大户单位，一家国家大型企业工作。当时厂里的政策是新分配到工厂的大学生，一律到车间工作至少三年，才能到工厂管理部门工作。程珥极其幸运，在车间工作了不到一年就被调到组织科，专门管干部。在组织科工作一年多，他又被提拔为副科级干部，成为当时单位里建厂四十年来升职最快的员工，令全厂人羡慕不已。

因为看见了企业中的许多弊病，他在四年后选择主动辞职，放弃了“铁饭碗”，应聘到一家中法合资企业。因为表现优秀、工作努力，本来试用期六个月的程珥在三个月后就成功转正，正式与公司签订了劳动合同，每月收入超千元，是当时社会平均薪酬的两倍多。

1996 年底，他又放弃高薪，应聘到南通某银行（筹建），月薪仅 500 元。虽然面临新的平台、新的工作，但他已经有了迎接挑战的决心和勇气，更是在领导的栽培和同事的支持下，在工作第五年就担任部门主要负责人。

工作顺风顺水之际，程珥又主动提出到支行担任支行行长，进一步挑战自己。

分析

真正厉害的人会不断走出自己的舒适区，程珥始终相信这一点，因此数次在工作到达稳定的顶峰时，他都敢于打破常人眼中的“铁饭碗”，前往新的领域从头做起，积累经验，从而收获了既让自己成长又能获得丰厚回报的“金饭碗”。

有人可能会认为这是在白做工，但积极心理学家塞利格曼提出的心理免疫力的观念证明了程珥的选择是极为正确的。像身体一样，一个人的心理同样具有免疫力，当我们遇到挑战时，假如成功跨越一次，就相当于给心灵打了一针疫苗，下次再遇到挑战，心理就能用免疫力来抵抗。比起等待生活送来猝不及防的一击，程珥更愿意选择迎接挑战，因为这样至少可以自己把握如何去适应变化，并自己决定以怎样的姿态来与之相处。

应对困境的方法可以分为两步：通过大量阅读、与优秀的人交往、向不同领域的专业人士学习等，向外打开自己的认知；再通过改进原有工作方法、提升专业技能、进行多维度思考，向内深化自己的思维。在这个过程中，我们的思维边界得以拓宽，从而能更娴熟地应对类似状况，就像不断磨炼的身体部位最后会生长出厚实的茧一样。

尝试

博多·舍费尔在《小狗钱钱》一书中提到了“72小时法则”。该理论认为只要人们能够在想法出现后的72小时内立即行动，就能够打破自己的惰性，并获得更多的成功。该理论于20世纪80年代流行起来，并且成了许多成功人士的成功秘诀之一。

“72小时法则”最初是为了鼓励人们对抗自身惰性而提出的，如果一个人能在未来三天内向着自己的目标迈出第一步，这意味着他极有可能成功完成他计划的事情，相反，如果在72小时内他没有采取任何行动，那么他实现目标的可能性就会大大下降。接下来，让我们试着将这一法则运用于主动突破一件事上，请回答下页这些问题。

① 对你来说，最为难或者最尴尬的事情是什么？什么事情是你绝对不会做的？

---

② 换个思路，什么事情是你内心特别愿意做，但是一直都不敢做的？

---

③ 在今天之后的 72 小时内，完成一件你从未做过的事情，以此来增强自身的心理免疫力。

---

41 观念保守

信息量决定视野，勇气来源于实力

案例

程梦醒的家乡有一种特色食物：豆皮。当地虽然有不少人从事豆皮生产行业，但还是传统的无品牌、小作坊生产模式，不管质量，只要东西做出来就行。经销商都是以极低的价格上门收购，不仅不能打出品牌和名气，工人们一天累死累活也挣不了多少钱。

为了改变这一困境，程梦醒决定拼一下。她说服父亲引进现代化机械生产设备，不断改良制作工艺，在技术、原料、品类等方面推陈出新，同时采取线下线上相结合的模式拓展销售渠道。

产品的销量一开始并不乐观。“当时刚开始创业，家里做了很多豆皮，一开始想着会有经销商上门收购，但现实与我想的差距很远，根本没人上门，因为价格太高了。我们主打的是质量，成本比较高，售价自然高，结果别人一问就走了。当时，豆皮堆积在卧室、客厅。过年的时候别人家都欢天喜地，我们家却愁眉不展，甚至有一段时间还要跟工人借钱。”程梦醒说。

是退回传统，继续维持至少不亏的保守模式，还是坚持前行，探索未知的行业模式？程梦醒决心走出一条新的路来。在市场调研的过程中，她发现了不少问题，通过不断调整方向，进行产品改良，她开始制作成本更低、口感更好的产品，慢慢有客户甚至批发商找上门来。

分析

程梦醒的例子是思维走在经验之前的典范，她切实意识到了传统的产业模式根本无法改变豆皮产业的困境，如果像其他乡民一样只在产量上闷头前进，只会造成恶性竞争，大家越来越累，获得的收益却不会增加，因为“无论有多少邮递马车，你都不可能将它们排成一条铁路”。

读大学的经历使程梦醒超越了传统经验，先其他人一步接触到新颖的市场营销手段、生产技术等。在对比类似行业的成功案例后，新的想法自然而然会不断涌现：是否可以利用搜索引擎优化的方式来增加网络客户？开发代理商能否加快开发新客户的速度？着眼于 5G 时代，是否可以尝试短视频营销？这些都使得程梦醒更乐意迎接新的挑战，探索充满风险但也有可能带来巨大收益的新领域。

尝试

克里斯·安德森是一位著名的商业作家和演讲家，他在2004年提出了长尾理论。长尾理论的核心观点是，随着互联网的发展，消费者越来越容易找到和购买他们感兴趣的产品或服务，这使得小众市场变得更加有价值。

长尾理论首先强调的是信息的丰富性和多样性。所以，互联网时代我们更需要关注各种信息，包括行业动态、市场趋势、竞争对手的动向等，这是我们保持对外探索的勇气和能力的前提条件。

其次，长尾理论告诉我们，即使是小众的信息，也可能对我们的工作产生影响。因此，我们需要扩大视野，关注不同的信息源。

按照长尾理论，我们可以从以下几个方面去扩大信息源、开拓对外探索的视野，获得改变现状的勇气。

（1）利用互联网资源

如通过搜索引擎、社交媒体、在线课程等工具来获取我们感兴趣的领域中的最新动态和知识。

（2）参加行业活动和研讨会

这些活动通常会邀请行业内的专家和领导者分享他们的经验和见解，我们可以借此机会扩大自己的人脉圈子，了解行业发展趋势。

（3）阅读专业书籍和报告

通过阅读专业书籍和报告，我们可以深入了解某个领域的理论知识和实践经验，为自己的职业发展打下坚实的基础。

（4）加入行业协会或组织

这些协会或组织通常会定期举办培训课程、讲座等活动，帮助会员提升专业技能，拓宽视野。

（5）与同行交流

与同行业的人士保持联系，分享彼此的经验和看法，可以帮助我们更好地了解行业动态，发现潜在的合作机会。

（6）培养跨学科思维

尝试从不同的角度看待问题，学习其他领域的知识和技能，这将有助于我们在工作中发现问题，并创新解决方案。

42 固定心态

二十岁，用梦想和行动雕琢五十岁的自己

案例

美的集团董事长方洪波入选了2021福布斯中国最佳CEO榜。1987年从华东师范大学毕业后，他的第一份工作是《东风汽车报》的编辑，因为这份工作足够稳定，可以让他一直从二十岁干到五十岁，但方洪波后面辞职了，理由也正是“不想二十岁的时候看到自己五十岁的样子”。

他决定南下寻找机会，靠编辑的技能获得了另一份工作——《美的》报的内刊编辑。工作后，他不满足于边缘岗位，开始逐步接触营销策划，时刻关注美的集团全局的发展。工作三年后的某次出差中，他站出来发表了一番对公司现状的不同看法，引起了公司一把手何享健的注意，并由此获得了何享健对他历时十年的培养和打磨，他也从广告科经理一步步做到了美的下属的营销公司总裁。

2012年，何享健退居幕后，方洪波接任美的集团董事长

兼总裁，个人持股 2.14%，是除何氏家族以外最大的个人股东。

分析

很多人不能成事，并不是因为没有能力或不敢尝试，而是在心理上设立了一种无法越过的限制，认为自己没有专业背景，从而放弃了原本的梦想；或者认为自己还是一名新手，因此不敢争取所需的机会。这些人将自己的渴望限制在固定的范围内，被困难和挫折所压倒。在北京的街头巷尾，有许多出租车司机，但只有张志铭不局限于当前的职业选择，他愿意前往销售岗位锻炼自己，最终跻身顶尖行列，成为国美电器的推手。他的愿望非常简单，但却超越了绝大多数同行：我不想一辈子都当出租车司机。

美国心理学家卡罗尔·德韦克在 2006 年出版的《心态》一书中提出，人们的心态分为两种，一种是固定心态，一种是成长心态。拥有固定心态的人认为自己的才华和能力是固定的，无法改变；而拥有成长心态的人则相信自己的才华和能力可以通过不断的学习和努力获得不断的发展和提升。德韦克也指出，以成长心态为基础的人更容易在职业和生活中取得成功，并更富创造力和创新精神。以上例子中的方洪波很明显就属于以成长心态为基础的人，而那些二十岁就能一眼望到自己五十岁样子的人则属于以固定心态为基础的人。

尝试

下面是卡罗尔·德韦克所提出来的如何打破固定心态，修炼为成长心态的行动指南。

（1）寻找机会，挑战自己的能力和舒适区

比如可以在工作中主动争取一些新的项目，或者参与行业内的一些新的活动。

（2）学习新的技能

如寻找机会主动参加培训、授课等。

（3）尝试不同的角色和项目

从不同尝试中总结经验教训，并挑战自己的能力极限，同时也可以拓宽自己的视野和丰富自己的经验。

（4）接受挑战并寻求反馈

在接受新的项目或者新的挑战时，要敢于承担责任和压力，并寻求他人的反馈和建议，从中学习成长。

43 等待机会

等待解决不了问题，行动才能揭晓答案

案例

1787 年，在乔治·华盛顿的主持下，美国代表会议在费城举行。会议的原定目的是修改执行已有八年之久的《联邦条例》，但经过了近三个月的秘密讨论以后，会议不仅否定了这个条例，而且重新制定了一部取而代之的新宪法。

各州对新宪法有两种截然相反的意见：一种是拥护，一种是反对。美国开国元勋阿伦·伯尔受到同事亚历山大·汉密尔顿的邀请，为新宪法撰写辩护的文章。

阿伦·伯尔拒绝道："我需要时间来观察这个新生的国家，静静观望关于新宪法的大势何去何从，如果我们赌输了怎么办？我需要等待时机。"汉密尔顿尤为失望，直言道："为了我们如今终于得以建立起的国家制度，你能不能带着尊严表明自己的立场？我不明白你怎么能够袖手旁观。"

后来，汉密尔顿选择与约翰·杰伊和詹姆斯·麦迪逊合作，

撰写了整整八十五篇文章并将其合编命名为《联邦党人文集》，其中所包含的联邦制思想、三权制衡思想及司法独立思想等政治法律思想，不但为美国当时的思想家所接受，而且深入广大美国民众的内心。

分析

著名心理学家乔纳森·海特认为，我们每个人的大脑中都住着一头大象和一个骑象人。大象是我们大脑中自动化处理的系统，包括人的内心感觉、本能反应、情绪和直觉等；骑象人则是有意识地思考，理性控制的过程。

在大多数情况下，这两套系统能和谐共处，但因为它们具有不同的特性，有时也会发生冲突。面对是否为新宪法辩护这一冲突，阿伦·伯尔选择让内心寻求安定的本能掌控自己，怀着宁可不做，不做就不错的心态选择更为稳妥的模式：等待机会。

如果用罗伯特·凯利提出的“追随者行为模型”来划分，那么汉密尔顿无疑是同时具有进言能力与率先能力的榜样型追随者，这类人知行合一，在知中行，在行中知。阿伦·伯尔则是被称为“官僚派”的实用型追随者，他们总是试图落实实用、安稳的“妥协之策”，总想着先知后行。这类管理者虽然不会给企业带来较大风险，但也不太可能给企业带来创新和惊喜。

尝试

下面分别是有关提升进言能力和率先能力的十条实际行动，当你实现后，可以在后边一栏中打钩，以此来明确自己未来的奋斗方向。

（1）进言能力

序号	内容	完成情况
1	当部门出现问题时，勇敢地向上司提出解决方法	
2	预计所属组织的目标无法完成时，向上司提出对策	
3	已经发现部门里隐藏在“水下”的问题	
4	对于序号3的问题，向上司提出解决方案	
5	为了掌握部门里的项目和问题，和直属上司约时间交流	

续 表

序号	内容	完成情况
6	为了掌握部门里的项目和问题，和比自己高两个级别的上司约时间交流	
7	平时研究公司内其他部门的成功案例，从中寻找值得参考的内容	
8	平时通过读报、看书、参观等方法，研究公司外部的成功案例	
9	不管遇到什么样的上司，都能直白、真诚、无所顾虑地与其沟通交流	
10	为公司的现状担忧，觉得自己必须做些什么	

（2）率先能力

序号	内容	完成情况
1	让上司了解到同事的不满	
2	部门出现问题时，自己带头主动解决问题	
3	在开会时能积极地提问并提出建议	

续 表

序号	内容	完成情况
4	当同事无法接受上司的想法时，主动和同事交流沟通	
5	为了方便同事推进工作，做好和相关部门的对接工作	
6	上司推出方针后，向上司确认自己能给予怎样的支持	
7	替上司分担部分领导工作	
8	和部门同事维持良好关系	
9	上司愿意将重要项目交给自己	
10	觉得自己在大多数情况下都不会受职务和级别的限制而去发挥影响力	

44 思维偏颇

不为逃避找借口，不为放纵找理由

案例

阿海每天看起来都很疲惫，而且业绩一般，工作评价普通，情感生活也看不到希望。在了解了他的生活后，同事给他提了个建议：试着不要再那么频繁地熬夜。

阿海拒绝了这个提议，并为自己熬夜的习惯进行解释："我每天晚上必须看看新闻，不然最近发生了什么新鲜事都不知道；和网友交流也是我拓展人脉、增进知识的重要途径；此外，观看深夜节目也是一种放松方式啊！"

同事并没有被这些理由说服："如果只和永远不会见面的网友聊天，而不是和真正交流的客户认真相处，你上哪儿去提高业绩？你的女友也是因为被你这样敷衍才离开的吧？"

分析

否认、推卸责任、妄下定论，这些都是阿海为自己贪图安逸、逃避改变而选择的方法。他否认熬夜的习惯影响到了自己的工作和生活，将工作表现一般的责任推到了客户与领导的身上，并将放松和放纵的概念混为一谈。熬夜没有影响生活的偏颇想法阻碍他去过更加充实的生活，而这一想法正来源于他对改变安逸习惯的恐惧。

将自己的偏颇思维合理化是很恐怖的，大脑会创造出多种多样的理由来为自己的止步不前开脱。除了阿海表现出的几种行为外，还有以下行为类别：

（1）设置行为指标

我已经看了一篇文章，今天不能再阅读了。

（2）无逻辑规则

我的工作出错是因为我昨天晚上睡得太早了。

（3）含糊改变

明天我会改掉赖床的习惯，按时早起并工作一天。

（4）大事化小

只是刷了一下午手机而已，任务时限还早呢，没什么大不了的。

尝试

不恰当的行为背后往往藏着自己真实的精神追求，找到真正的问题所在，也许你只是在选择方法上犯了错误，请停止为它们寻找理由。在确定自己深层渴望的基础上实施行动，对改变习惯产生的不安感自然会像午间的露水一样消失。对照下面的表格，试着寻找自己更深层次的渴望，并开始实行更加有价值的替代行动。

放纵行为	精神需求	替代行动
看电视节目	学习、成长	去博物馆参观或听一场感兴趣的讲座
网上聊天	联系感	给朋友打电话
聊八卦	归属感	不谈论不相关的人，将重心转移到自己和周围人身上
不与人交流	安全感	和带给自己安全感的人交流

第九章 鼠目寸光

>> 没有远见看不到局限，没有卓识改变不了未来

远见是所有强大思维模式最重要的特征之一，它不仅要求我们具备洞察社交和情感的能力，还要求我们具备创造力和创新力。正如歌德所言，如果不先爬上屋顶，就没有资格批评指点四周的风景。同样，如果我们没有通过学校教育或自学得来的知识基础，没有搭建勇气和毅力的绳梯，没有制订管理时间的自律计划，也没有明确“爬上屋顶”的目标，那么就没有资格遥望宏图伟业。

下面是四种人对工作的定义，你能很明显地察觉到这四种人眼界的高低：

① 工作是有事情做。

② 工作是一种谋生手段。

③ 工作是一条通往自己成长和成就的道路。

④ 工作是使命所在，是社会的重要组成部分。

第一、第二种人只是将工作视为填饱肚子和打发时间的手段，对他们而言，成为一名首席执行官和成为一名清洁工没什么两样；第三种人看到了工作对自我价值的实现，却也仅此而已，他的工作在他个人离开岗位后就失去了意义；将工作视为使命而为之奋斗的第四种人，不仅相较前者更满意于他们所做的事情，而且他们创造的价值不只是对个人存在意义的实现，更是对整个社会的奉献。

可惜的是，我们周围有很多人都因各种原因陷入目光短浅的陷阱中而不自知，做出影响自己以及他人生活，甚至对社会有害的事情来。下面我们来一一剖析。

45 站位不高
像 CEO 一样思考，登高望远

案例

张謇的实业之路称得上是中国近代工业历史上的一则宏伟篇章，他曾说过："一个人办一个县的事情，就要有一个省的眼光，办一个省的事情就要有全国的眼光，办一个国家的事情要有世界的眼光。"由此观之，张謇确实目光长远、有勇有谋。

他创造性地把当时政府的机器拿来参股，并到上海区融资。为保证大生纱厂的原棉供应，他又仿照股份制形式，集资创办了盐垦公司。此后，他还相继创办了轮船公司、资生冶厂、资生铁厂。19世纪末20世纪初，张謇创办了阜生蚕桑染织公司、广生油厂、复新面粉厂、大聪电话公司等二十多家企业，形成了一个轻重工业并举、工农业兼顾、功能互补、颇具地方特色的工业体系，一度成为当时全国最大的民族企业集团。

他确实像自己所说的那样，以世界的眼光去实现实业救国的梦想，甚至特地在美国纽约第五大道设立了南通商品销售窗口，直接对接世界贸易。

分析

上述案例中，张謇在创办实业时展现出了非凡的眼光，他不仅关注当前的问题，还考虑到了未来的发展和全球市场，这种长远的眼光使他能够抓住机遇并做出正确的决策。在职场中也是如此，即使是一名普通的员工，也要学会以高层领导的视角来看待工作。

大多数人都认为，自己作为员工，所要做的就是坐稳身下的工位、做好手头的工作，或是心甘情愿或是毫无知觉地成为运行公司这台大机器的一枚小零件。但长此以往，你会淹没于烟尘，很难获得较大成就。

美国奈飞公司（简称网飞），是一家传奇的公司，其独特的企业文化和组织管理特点在《奈飞文化手册》中体现得淋漓尽致。其中有一条规则是：员工需要以高层管理者的视角看待事物，以便感受到自己与所有层级、所有部门都必须解决的问题之间有真正的联系，这样公司才能发现每个环节上的问题和机会，并采取有效行动，如果员工不了解业务，那一定是管理者的失职。

事实上，在网飞发布这份文化手册时，美国正面临经济衰退的困境，政府饱受贸易赤字和财政赤字两大问题的困扰，大量标志性的本土大企业也相继易主，整个商界开始流行"仅仅依靠领导者，企业将走向末路"的说法。很多优秀的公司也开始重视甄选和招聘勇于创新、敢于提出问题的人才，而不是那些等待指令、唯命是从之流。

尝试

如果将自己视为你的雇主、上司和领导，你会如何对待手头上的工作？如果你一时间感到手忙脚乱、茫然无措，这是很正常的，毕竟我们中的大部分人确实没有担任 CEO 的经验。

下面的这张表格只是一个范例，你可以试着借助它来逐步培养属于自己的“CEO 视角”，并在之后的日子里不断完善它。

<table>
<tr><td>面临的问题</td><td></td></tr>
<tr><td>需要解决的课题</td><td></td></tr>
<tr><td>讨论对策</td><td>
2 分：预计会取得很好的效果
1 分：有不确定或普通的影响因素
0 分：预计会有不良反应
<table>
<tr><td rowspan="2"></td><td>效果</td><td>成本</td><td>实现性</td><td>风险</td><td rowspan="2">总计</td></tr>
<tr><td>×2</td><td>×1</td><td>×1</td><td>×1</td></tr>
<tr><td>方案 A</td><td>2</td><td>2</td><td>1</td><td>2</td><td>9</td></tr>
<tr><td>方案 B</td><td>1</td><td>1</td><td>1</td><td>2</td><td>6</td></tr>
<tr><td>方案 C</td><td>1</td><td>0</td><td>1</td><td>1</td><td>4</td></tr>
</table>
</td></tr>
<tr><td>解决方案</td><td>方案 A</td></tr>
</table>

对方案A、方案B、方案C按效果、成本、实现性、风险进行综合评分；根据理想程度分别给予2分、1分、0分的评价；再根据权重，会得到不同的分数；最后根据最终得分来综合评价解决方案的预期效果。例如，方案A效果最佳，评分2分，乘于权重2，小计4分；成本基本可控，评分1分，乘于权重1，小计1分；实现性一般，评分1分，乘于权重1，评分1，小计1分；风险小，评分2分，乘于权重1，小计2分；综合得分9分。以此类推，方案B、方案C分别得分6分和4分。最终确定选择方案A。

46 贪利忘德

小胜靠智，大胜靠德，利他才能利己

案例

《右台仙馆笔记》中记载了这样一个故事：苏州阊门外住着一个铜匠，他生性吝啬但颇有积蓄，独自一人生活。有一天晚上，屋外风雨交加，铜匠本打算早早上床歇息，忽然听见外面有隐隐的哭声传来，原来是一名年轻女子在哭。

女子操着一口江北口音对铜匠说："我被族人诱骗到此处，害怕沦落风尘，所以趁着大雨悄悄逃跑了。现在我孤身一人，无家可归。"她又拿出一支金簪交到铜匠手中，"这是我全身上下所有的钱财了，请您收留我吧。"看到金簪，铜匠心中一动，又见女子颇有姿色，便欢天喜地地收下了金簪，把她带进了屋子。

天微微亮时，忽然有人推门而入，吵吵嚷嚷地把铜匠从床上拉起来，压在地上。铜匠慌了神，却看见好几个江北人守在门口不让他逃跑。又有一个人进入内室把昨夜的女子带了出来，冲其他人大喊："她在这儿！"

压住铜匠的江北人厉声道："你引诱我堂妹，还将她藏匿家中，我要绑了你去见官！"看到女子站在一旁一句话也不说，铜匠这才知道自己落入了骗局，就算是说破了嘴，别人也不听他辩解，最后他只能眼睁睁地看着他们将那支金簪和自己平日里积攒的银钱、金饰统统拿走，携女子扬长而去。

分析

铜匠如果不是见财色而起歹意，打算将女子并金簪一同吞没，又怎会落入“诱藏良家女子”的骗局之中？英国作家查尔斯·狄更斯在他的作品中描写了两个同样贫穷，却因眼界高低而拥有截然不同的结局的人。阴险狡诈的乌利亚因自己的贫穷与地位低下而感到自卑，他觊觎他人的财富，处心积虑谋划侵占老板的财产，最终计划落空，众叛亲离；同样生活窘迫的米考伯却因自己的善良乐观、高尚淳朴、坚守原则，最终在大家的帮助下解决了债务危机，过上了好日子。

中外无数例子都在强调一个道理：小胜靠智，大胜靠德。美国善意实业国际公司的成功就是这样一个实例。善意实业能在就业培训行业独占鳌头，是因其创始人比尔·福里斯特和琳达·特纳拒绝使用修饰简历、模板速成的小伎俩，而是从求职者自身的能力和技能出发，使用“基于长板”的方法让他们建立自信心，通过一点一滴的微小成功来培养他们的动力和信心，让他们在不断的锻炼中提高自己的能力，从而获得工作。六十年来，他们的团队帮助十万多名有残疾、心理健康问题、犯罪记录的困难求职者成功求职。就像它的名字一样，善意实业正是因积累一点一滴的善念而造就了实业的成功。

尝试

弗洛伊德认为欲望是人类最原始的本能，但如果允许欲望毫无节制地表达，那对个人和社会都将是场灾难。

见利忘义、贪利忘德这一套在现代社会中是行不通的；相反，我们必须建立利他思维，只有为他人提供价值，我们才能最终获得他人的认可，从而实现个人的成长。

沃顿商学院亚当·格兰特教授提出了关于建立利他思维的一整套理论和实践工具。他认为利他思维意味着关注他人的需求和利益，以及帮助他人获得成长和成功。同时，它可以帮助我们建立强大的人际关系，并获得更多的支持和资源。

下面是亚当·格兰特教授提供的实践工具：

（1）了解你的同事

了解你的同事的需求和利益，以及他们在职场中的背景和经验，可以帮助你更好地了解他们的想法和行动，从而更好地与他们沟通和合作。

（2）给予支持和反馈

帮助同事解决问题，一方面可以帮助他们更好地完成任务、履行职责，另一方面也可以提高你自己的影响力。

（3）接纳不同的观点和思想

不同的观点和思想可以帮助我们看到自己的盲区和不足，同时也可以让我们更好地想出创造性的解决方案。

（4）表达需求和利益

在和同事进行沟通时，我们不仅要考虑他们的需求和利益，也要传达自己的想法和需求，以实现共赢。

（5）推崇慷慨的行为

推崇慷慨的行为会使你的职场形象更受欢迎，令你得到一般人的认可，在职场社交方面游刃有余。

47 忽视他人

读懂别人的情绪，传递友善

案例

亚洛斯白天时是同事们眼中的销冠王，晚上则变成子女眼里的魔术大师。“上门推销和魔术表演成功的关键都在于正确解读他人的情绪。”亚洛斯这样解释道，“你要找到愿意体验的人，有些人的情绪是非常明显的。我会找冲我点头的那些人，而不是将手臂横在胸前仿佛在说‘你骗不了我’的那些。你可以看到一些观众脸上有真诚的笑容，记住，要看眼睛而不是嘴巴。”

在进行推销时，亚洛斯会更加关注那些有着友善面孔的客户。因为研究人员发现，关注友善而非愤怒的面孔会降低人的皮质醇，这意味着人会更加冷静、自信，这有助于亚洛斯提高销售业绩。

分析

对他人情绪的忽视甚至误判会在很大程度上影响人们处理问题的方法，那些能够更加精准地识别他人面部表情的人——比如案例中提到的亚洛斯，自然能更加灵敏地感知到他人积极或消极的情绪，从而更好地了解有哪些问题需要去改善，或者自己应当在哪一方面趁热打铁、更进一步。

解读他人情绪并非易事，否则那些幽默杂志上就不会出现那么多“拍马屁拍到马腿上”的小故事了。政治家在与他人对话时一直注视着对方的眼睛，这个行为虽然也是为了表现出对对方的尊重，但他们往往有一个更加功利的目的：紧盯着对方的眼睛，以便能更好地注意到那些转瞬即逝的表情细节。

尝试

市面上有很多指导我们解读他人微表情的书籍，感兴趣的人可以去读读看。事实上，提升这种能力最简单的方法就是站在一面足够大的镜子前面，对着那个我们最熟悉又最陌生的人——自己，试着摆出恐惧、惊讶、快乐、厌恶、愤怒等表情，进行观察。

此外我们还要确保从镜子中能看到自己的整个上半身以及双手。肢体语言的重要程度不亚于面部表情，往往人们在注意掩饰自己的表情时，双手却会不自觉地暴露自己。最后，别忘了低头看看脚。

学会观察自己后，我们就可以试着去观察他人了。拿起边上的手机给你的家人、朋友打个电话，并在谈话的过程中记录下对方此时的情绪特性，是“友好”还是“热情”的？是“困惑”还是“厌烦”的？并用 1 到 10 的数值为这项特性打分，分数越高就意味着程度越深，挂电话之前，记得找本人核实一下。

“嘿，你的语速过快，吐字不清，我感觉到你现在压力很大并且十分焦虑，你发生什么事了？”

“因为我在赶这个月的财务报表，但你却拉着我闲聊了半个小时。”

当然，这种尝试最好是在对方有空的时候进行。

48 因循守旧
激活内在力量，才能积极创新

案例

黄喆在深圳工作五年了。刚来到这个城市时，他对所有的一切都感到兴奋，再加上公司领导考虑到他刚参加工作，特意放慢了他的工作进度。黄喆时常在下班后和亲近的同事有说有笑地沿着湿地公园散步，畅想各自的未来。他们还创建了一个分享职场生活和情感经历的微信公众号“看见春天”，自己撰写文章，收获了一批数量不多却有相同共鸣的读者。那段日子在黄喆看来美好极了，“就像游戏里的新手保护期，你可以尝试任何你想尝试的东西，却不用担心付出什么代价。”他说。

“新手保护期”过后，工作进度骤然加快，随之而来的是密不透风的任务列表和几乎消失的空闲时间。“我走出地铁站就会闭上眼睛，全靠肌肉记忆走回小区，走进电梯，按下十楼的按键。你看着我在掏家门钥匙，其实我整个人已经快睡着了。”黄喆苦笑道。他们的公众号在多年没有更新后便注销了，他和他的同事发现，自己已经失去了写出新故事的能力。

分析

在沉重的压力状态下，创造力是无法发挥出来的。黄喆正是在高强度的工作中产生了压力，随着大脑所感知的压力不断增加，思维的层级就会逐层下降，思维广度也会逐步缩小，对于事物的思考也更倾向于因循守旧、维持现状。

如果黄喆感知到的压力继续上升，那他的思维广度很快就会缩小至原始本能：战斗或者逃跑。表现在生活状态上就是情绪暴躁、失眠，情绪上也会陷入自我麻痹的状态。

因循守旧的员工常常因为自身的不安全感和思维的局限性而只能僵化地按规矩执行任务，难以打破这种恶性循环。即使企业领导者多次鼓励他们持开放的思维态度，但仍然只有少数人能够尝试着接受新方式，更多的人已经遗忘了如何创新。

尝试

大多数激发自身创造力的方法都聚焦于一人独自不断地进行头脑风暴，而这里要分享一种更适用于团队合作的创意技巧："六顶思考帽"。

准备六顶颜色不同或是款式不一的帽子，每顶帽子的拥有者将以不同的视角和思考方式参与讨论，比如说黑帽子将持悲观的态度看待一切；贝雷帽坚持感知并遵循自己的直觉；乡村风的草帽要乐观地看待所有事物；时尚的鸭舌帽能提出全新的想法；高礼帽保持中立；白帽子综观全局且整体性地看待事物。

▲ 图 9-1 "六顶思考帽"

这种方法尤其适用于处理较为复杂的任务，并能对从不同角度提出的想法与方案做出评估。在讨论进程过半后，参与者还可以试着交换帽子，另一波有趣且充满活力的讨论又会再次被激发。

49 赌徒心态

珍视生活中的每一份筹码，用智慧而非侥幸去赢得人生

案例

“埃里克，你能相信刚刚发生了什么吗？”玛丽亚一走进休息室就迫不及待地开口，“那场60美元的比赛，在翻牌后我发现命中了套牌999，所以把自己的筹码全押上了，谁知道后面跟注的那个人竟然拿着同花！我……”

“打住。”埃里克头也没抬，没有理睬玛丽亚困惑的目光（她还没有讲到自己的感受呢），“你觉得自己在这场比赛中的打法有什么问题吗？”

"额，没有啊，只是我的运气……"

埃里克点点头："那就不用再说了。专注于过程，而不是运气，只要想清楚'我打得对不对'就可以了，其他都不需要考虑。玛丽亚，我们是扑克玩家，是比赛选手，唯独不是赌徒——如果你只看重运气，那这种想法会让你一事无成的。"

分析

毫无疑问，人生和牌局都具有随机性，你当然可能在少投入甚至不投入的情况下获得巨大收益，但它有一定的随机性，我们通常称之为"运气"，指望"运气"来改变自己的命运无异于异想天开。这种赌徒思维会让人过分关注自己无法控制的因素，而不是那些能够被自己改变的因素。拥有这种思维的人会选择期待"下一次"为自己带来更好的运气，忽视他们本可以"这一次"就运用好手头的信息做出最好的决定。

当"赌徒们"咒骂"我的牌桌不好"时，成功者却将其视为一个挑战性平台，迫使自己发挥最佳能力；当"赌徒们"抱怨"我的手牌不好"并选择弃牌等待"下一次"时，成功者则会留在牌桌上，以保守谨慎的态度顺势而为，并等待形势有利时采取行动，从而为自己争取优势。最终，“赌徒们”会失去所有，而成功者则会获得一切自己想要的。

尝试

既然“赌徒们”在不断向着“运气更好的下一次”前进，而离真实的成功越来越远，那我们只需要反其道而行之就可以了。暂停法则可以在一定程度上帮助你克服投机的惰性。

（1）退一步

寻找到一个合适的环境进行思考，只有在足够放松的情况下，思考才可能是清晰、有创造性的，而在人声鼎沸、七嘴八舌的牌桌边，你正确下注的可能性微乎其微。

（2）想一想

集中思考的力量，从自己可掌控的因素出发去解决问题。很多问题都可以是思考的起点，如你的主要态度、关键变量、优先顺序、个人感受等。

（3）捋思路

在无数的想法中，你要选择合适、对当下有帮助的数个想法，并用一条清晰且有逻辑的思路将它们串联起来，形成连贯的行动计划，为下一步行动选择最佳出发点。

（4）再行动

现在，你已经做好继续行动的准备了，回到牌桌上，拿起你的手牌，采取措施吧。

第十章 不善输出

>> 会表达才会被人看见，会输出才能体现价值

所谓输出力，简单来说就是通过输出提升自己的影响力。吴军在《见识》中提出，我们对身边人的影响力，决定了我们的幸福程度，因为生活中 80% 的问题都是关系问题。用别人乐于接受的方式来改变对方的思维，从而减少阻碍或者获得协助，是实现自己目的最为便捷的途径。

在这个信息大爆炸的时代，每天都有超过 600 亿条信息在数字平台上发出，人们能够接收到各种不同的信息与观念。如果你是一名普通职员，如何让自己的观点脱颖而出，如何让他人认识、了解、接纳、支持你的想法，并从而实现你的目标呢？同时，年轻一代对传统的权威已经失去了耐心，自上而下的杠杆式管理也已无法管理组织结构中年轻人占绝大多数的团队。作为高层领导，如何引领团队转换消极意识，协同改变企业的发展轨迹呢？

输出就是关键性动作，具备敢于输出、善于输出的能力，是实现成功的基本条件。

50 轻视展示
不放过每一次绽放的机会，生命的花朵才能让人沉醉

案例

某企业在7月底召开年中工作总结大会，要求各部门对上半年工作情况进行总结。单位16个部门分别进行10分钟汇报，汇报内容要重点围绕上半年重点指标完成情况、集团公司内各条线争先进位情况、单位内各条线团结协作情况和服务基层情况四个方面展开。

汇报当天，各个部门的汇报情况主要分成三类。第一类，绝大多数部门由主任带着工作总结稿上台宣读，整个场面不温不火；第二类，有几位部门主任选择一边朗读讲稿，一边使用PPT进行具体展示，间或能打动人；第三类，只有一个部门主任衣着干练，走上台时精神抖擞，给人的观感十分“美好”。他汇报时全程脱稿，激情四溢，表达条理清晰，肢体动作到位，同时还利用PPT展示其日常工作的场景和数据，具有极强的现场感染力。更难得的是，这位部门主任根据汇

报的四个方面，提炼出四个要点：一是种好主责主业“责任田”；二是吹响争先创优“冲锋号”；三是画实团结协作“同心圆”；四是弘扬服务基层“传家宝”。其要点非常精练，极具推广价值。因而该部门主任汇报结束时，台下掌声雷动，受到大家的一致好评。

参与汇报的主任不知道的是，单位领导对各部门工作汇报情况组织了测评打分。测评打分名列首位的是哪位，想必你心里已经有了答案。

分析

上述案例当中的最后一位部门主任，在关键机会来临时，没有轻易忽略它，而是充分准备，通过专业的汇报向领导和同事们展示了他个人良好的职业形象。而其他部门主任因为不够重视，大意失了“荆州”。

很多人抱着“酒香不怕巷子深”的陈腐观念，自认为自己是一块被埋没的金子，而对那些勇于展示自己的人则嘲讽其“出风头”。殊不知，再香的酒也需要包装和推销。以我国著名的茅台酒为例，1915 年，中国茅台酒在美国费城举办的世博会上获得金奖，但是一开始茅台酒其实根本不被人注意。当时中国展销商为了引起参会者对茅台酒的注意，故意打碎酒瓶，芳香四溢的茅台酒立刻引得人们纷纷前来品尝，由此在世博会上一举成名。酒本身不会说话，“打碎酒瓶”这一动作恰恰是最关键的自我推销方式。如今中国茅台酒已经闻名世界，依靠的不仅仅是酒香，还有各种品牌营销手段。

在如今这个时代，从来不缺好酒，缺的是发现酒香的鼻子，而我们要做的是，寻找一切机会，把好酒推到鼻子的有效嗅程之内。

尝试

如何抓住机会并向他人展示自我？其实，日常的每一次交往都可以是机会，只要我们能够突出并呈现一个有吸引力的自己。

首先，我们要关注自己的外部形象。外部形象并不只是五官结构、皮肤质量，还有精神状态、面部表情等。

在穿着方面，名牌与否其实并不重要，关键在于是否得体，是否符合所处的情境，比如正规会议，就应穿着正装、皮鞋，而不要穿夹克衫、运动鞋。

其次，我们要展现自己积极的精神面貌。在展现自我、增强信心方面，可以采用“我很喜欢自己”的自我暗示法。具体操作如下。

① 请在二十一天内先用“我每天都在一点一点地学习喜欢自己”进行暗示，如果能在镜子前露出微笑那就更好了。

② 在此之后的三周当中使用“我每天都在一点一点地学会喜欢自己”进行暗示，不要忘了微笑。

③ 用“我每天都在一点一点地喜欢上自己”对自己施加为期三周的暗示，继续保持微笑。

最后，你会发现“我很喜欢自己”将内化为你内心深处的骄傲，这会使得你在走上舞台时闪闪发光。

51 行为被动

创造机会，博取关注

案例

3 月，有一批即将毕业的大学生来到孟行长所在的银行实习，大部分实习生都来自“985 院校”，很多还是研究生，简历看起来都特别漂亮。然而在实习期间，大多数人都只是照指令行事，并没有给孟行长留下特别深刻的印象，只有一男一女两名实习生引起了他的关注。

男实习生是通过一次主动帮助进入孟行长的视线的。那时正是阳光正盛的中午，一名老年客户办理完业务准备离开，他却出乎所有人意料地站了起来："让我送送您吧，是到公交车站那里吗？"满头大汗地回来后，他又继续回到岗位上工作。诸如此类，孟行长发现了好几次他的这种看起来没必要，却能大大增加客户信任感的行为。

男实习生还经常主动向孟行长汇报工作。与他谈话时，孟行长问了他一个问题："你来银行工作，你的家里人支持吗？"他笑着说："我老家是农村的，我现在是我们村里的骄傲，我妈为我自豪，亲戚中我是学历最高的，能在银行工作，我相信我一定会有出息的。"他眼中的光，深深打动了孟行长。

另外一名女实习生先在孟行长所在的银行实习了一周，后来又去参加了一个月的分行培训，实际上，她与孟行长见面的时间是所有实习生中最少的，但她一有机会就主动与孟行长交流，寻求指点。在实习的一个月内，她还通过给孟行长在朋友圈中发的每条消息点赞、评论的方式刷足了存在感，让他想忘掉这名实习生都很难。后来，当她表达了想留下来上班的愿望时，孟行长也没有太吃惊，因为这名女实习生就是有能力表达愿望的那种积极主动型的员工。正好上级让他在实习生中挑两个好苗子留下来，孟行长就选了这两个实习生。

分析

这两个实习生的行为很好地说明了年轻人应该怎么做才能在众多竞争对手中脱颖而出，那就是主动出击。如果仅仅遵循上级的指令办事，就不可能在短时间内让大家尤其是领导知道并记住有你这么个人。

举个例子，如果公司内部举办了一次团队建设活动，但员工们的反响并不热烈，你会是下面的哪一类人？

第一类：批评这场活动，觉得它没意思。

第二类：在活动中努力做好自己的本分工作，但仅此而已。

第三类：纵观全局，思考如何活跃活动气氛。

第一类人毫无疑问辜负了领导的期待，从一开始就把握错了方向；第二类人只是尽了一名公司职员应当做的本分，对于领导而言，没有印象加分；第三类人则是超越领导期待的人，他们能站在领导的角度看待问题，去完成那些即使不是自己职责所在的工作，这样的人永远都不会落入怀才不遇的境地。

尝试

了解了主动出击获取他人关注的重要性后，让我们先从下面这些方法入手，一步步在他人心中留下自己的鲜明形象吧。

① 职场中的演讲比赛、竞聘演讲是非常难得的，一定要认真准备，珍惜这些机会，争取在较高层面的平台上争得荣誉，即使拿不到好的名次，也会或多或少让领导对你留有印象。

② 有单位领导参加的会议，如需发言，一定要提前认真准备，不能在会上人云亦云，最好能说出自己的思考和独特见解，让大家对你刮目相看，获得领导的重点关注。

③ 利用休息时间主动和领导打球、运动等，自己做一个默默无闻的替补，让领导增加眼缘，同时领导一旦点名要你上场，你要能展示水平，获得认可。

④ 观察领导的作息规律，抓住食堂用餐以及上下班的时间段等可以与领导偶遇的机会，与领导多接触。

⑤ 选择一些专题、技能或热点话题去钻研，逐渐成为别人眼中的专家。不一定需要去磨炼高尖端技术，我们只要懂些常会出现的问题并知道如何解决就可以了。

52 不立人设
学会输出人设，降低别人对你的认知成本

案例

许晋杭从初中起就成为福建 SBS 球队的粉丝，起初他的梦想是成为一名专业篮球队员，但很快又放弃了，因为他认识到自己的篮球技术根本没有办法达到职业选手的水平。“晋杭，你既能歌又善舞，还喜欢篮球，不如去当球队的吉祥物？”朋友的一番话点亮了他的眼睛，说得对啊！自己身上“爱展现”和“爱篮球”的两个标签一结合，不正好是个“吉祥物”吗？

于是，许晋杭找到福建 SBS 篮球俱乐部毛遂自荐，承诺为福建队拿到“年度最佳吉祥物”的荣誉，他也如愿以偿成为福建 SBS 男篮吉祥物“中华鲟”。

在篮球场上，他穿着厚重的玩偶服忘情地蹦蹦跳跳，热情地与观众互动，圈粉无数，甚至因表演太投入被裁判判罚——“影响球员进球”。正因为他热情的表现，许晋杭真的获得了“CBA 最佳吉祥物”的称号，没有辜负球队给他的机会，也

履行了自己许下的诺言。19岁时，许晋杭更被选为国家队吉祥物，得到了央视NBA评论员“CBA第一吉祥物”的称赞。

扮演吉祥物五年，许晋杭珍惜每次上场机会，他挥洒汗水、传递快乐，只为实现一个吉祥物最大的价值。

分析

美国管理学家汤姆·彼得斯曾说：“21世纪的工作生存法则，就是建立个人品牌。”他认为不仅企业、产品需要建立品牌，个人也需要建立品牌。拥有个人品牌的人，能进一步扩大与他人的差别，从而增强竞争力与标识度，让自己脱颖而出。

打造个人品牌，简单点说就是打造人设。我们要成为自己的品牌经理，为旗下产品——也就是我们打造人设，主动积极地培育自己的职场形象。许晋杭正是审视了自己最重要的两个特质——爱表演和爱篮球，为自己成功打造了“球队吉祥物”这一人设，只要有观众记住了这个在球场上蹦蹦跳跳的吉祥物，那就意味着记住了许晋杭本人。所以说，打造人设最本质的好处就是有助于降低别人对你的认知成本。但可惜的是，我们很多人在别人眼中都是印象模糊，没有什么鲜明特征的人，这种忽略人设的人是很难从芸芸众生中脱颖而出的。

需要注意的一点是，人设需要基于对自己的正确认知，去刻意放大、凸显主特质，淡化其他特质，来树立一个相对完整的人物形象。主特质是船帆，如果因为标签太多而淹没了它，那任何方向吹来的风都不会是顺风。

尝试

如何塑造自己良好的人设呢？

（1）选定一个标准或者参照物

如果你喜欢美食，那你就把自己设定为美食博主这个人设，在自己的账号上发布有关美食方面的视频或文章。时间长了，关注你的粉丝只要想找到美食博主来推荐美食，那他们就会想到你。就好比说到格力空调，大家就会联想到董明珠。因为董明珠已经将自己的个人品牌和事业绑定在一起，她的人设深入人心。

（2）选择你喜欢的人设

你所打造的人设一定要是你感兴趣的，并且是自己有这方面的技能或者有一定经验的，要不然很容易翻车。而且做自己喜欢的事，你会更有持续做下去的动力。

（3）做自己擅长的

在打造人设的时候，可以从最真实的那一部分起，分享生活中最真实的自己，这样做起来才不会复杂又困难。比如你喜欢修理电脑，那么你便可以经常帮助同事处理电脑故障，打造自己电脑维修能手的形象。

（4）强调独特性和差异化

要突出你打造的人设与其他同类型的达人人设有什么不同的地方。如果只会跟风，那么你永远都超越不了。就像品牌差异一样，你需要打造自己的特色，让人们因为这点不一样而记住你。

53 忽视技巧

眼球经济时代，创造看点很重要

案例

2015 年对于小米而言，是大起大落、大喜大悲的一年，它在这一年从智能手机市场占有率的前三位置上跌落，从领头人变成了第二梯队内的“追随者”；它也在这一年涅槃重生，重新夺回自己的市场份额。

谁能想到，转折点竟然是一首搞笑到甚至有点无厘头的歌曲，它的演唱者正是雷军本人。

凭借着洗脑的“Are you OK”，几乎所有听过这首歌的人都认识了雷军；凭借着幽默的“Do you like Mi 4i”，雷军又让几乎所有听过歌的人都记住了小米的新机型。面对视频里雷军问出的“Do you like me”，铺天盖地的弹幕已经回答了他们对于雷军和小米的态度：喜爱。

分析

输出与输入是相对的概念，但难易程度有天壤之别。输入有时候很容易，比如看书，看过就有一定的输入，但输出就不是那么容易了，读书的人很多，但写书的人凤毛麟角。

输出需要我们能静下心来，梳理事情的来龙去脉、前因后果，反复酝酿思考，就某一知识点做多方查证，还要运用技巧提炼自己的语言，使我们输出的内容能让别人想要看、愿意看。美国作家、公共演说家和在线教育家布兰登・肯恩专门写了一本书来讨论输出的技巧，每个人在做打开手机、切换电视频道，以及听广播、关注广告牌等事情的时候，都会被淹没在浩瀚的信息、内容和广告中，而一个有效看点能帮助你的内容从海量信息中脱颖而出。

这里的看点可能是一段文字（短语、标题、文案）、一个结论、一个概念、一段视频、一种个性的展示或表演、一个产品或服务等，以及以上元素的各种综合，它能够在最短时间内抓住观众的注意力。对小米而言，雷军的那首歌曲就是一个极为有效的看点：它足够有趣，让人能完整听完，又可以给人留下雷军憨直、幽默的印象，并将这种印象迁移到小米的产品之上。

我们现在处于互联网和社交媒体时代，眼球经济已经是一个大家公认的商业模式和战略，如果你不懂一点技巧，不合理应用一些有效看点，你将很难获得大众的持久关注。

尝试

请你即兴输出一段独白，一边说一边组织语言，记得要有意识地使用我们上面提到过的创造看点的技巧，你可以自己确定话题，也可以从下面的主题中选择你所感兴趣的那一个：

① 如果要制订一项开启一天美好状态的仪式，你会选择

做什么？

② 谈谈最近一段时间你所见过的比较美的事物。

③ 如果一天有 28 个小时，在多出来的 4 个小时中你会干什么？

④ 请以离你最近的那个人的名字编一段小故事。

54 工具落后

借助多平台、多媒介，立体化输出

案例

肯尼迪“电视总统”的名号来自他和尼克松的那场竞选辩论。就当时而言，电视媒介对普通民众来说还是一种全新的媒介，通过电视屏幕，肯尼迪成功地向所有观看电视的选民输出了自己充满活力和创造力的形象。

肯尼迪充分意识到新兴媒体的重要性，为了向群众充分展现自己的个人魅力，他专门聘请了形象团队对自己进行整体形象设计，让他看上去更阳光、更有亲和力。这些行之有效的策略帮助他赢下了这场竞选辩论。

相较而言，尼克松对输出自己的形象则显得不那么重视。因为那场著名的“水门事件”的丑闻被媒体曝光，他的形象大受影响，最终被赶下了台。

分析

肯尼迪成功借助了那个时代的新媒体——电视，赢得了选民的投票，相反尼克松既不重视电视媒体，也轻视了传统纸质媒体的威力，使得自己输了选举，丢了总统的位子。

如今，在我们所处的时代里，电视媒介早已不是新媒体，取而代之的是各种社交软件、听书软件、短视频软件……在我们这个时代，输出媒介极具多样性。

我们坚持输出是为了让更多人看到自己，如果执着于选择单一或者是落后的输出工具，也就意味着主动放弃了一部分观众，很显然这与我们想要实现的目标背道而驰。选择输出媒介最忌讳的是居高临下地去批评其他工具，认为视频不能包含足够信息量的人失去了那批阅读和理解文字有困难的受众；认为听书软件接收信息速度太慢的人失去了因繁忙而只能使用听觉途径获得信息的受众；认为纸媒已经被时代淘汰的人失去了成百上千年来积累的、习惯于从文字中获取信息的受众。

大胆尝试丰富的输出工具吧，只要观点有价值，思想有意义，看到你的人只会越来越多。

尝试

列出 5 个你常使用的应用软件，现在就放下书，选择一个应用软件进行输出，可以是专栏文字、朗读录音或者录像视频。如果你在此之前已经有过在某一平台上输出的经验，试着将同样的内容换一种形式表达，并发表在相关的应用软件上。

55 表达混乱

尝试范式表达，建立逻辑框架

案例

一名项目负责人在等电梯时，遇见了甲方客户的董事长。两人相互问好，寒暄了几句后，电梯来了。在一同走进电梯之后，董事长扭头向项目负责人抛出了一个问题："你能不能说一下项目现在的结果？"

这可能只是一句消除尴尬的套话，也可能是董事长确实想要知道项目进展如何，但这名项目负责人顿时目瞪口呆，之后磕磕绊绊地开始说起有关他了解的一切。董事长皱着眉，视线没有从电梯的楼层标志上离开，电梯从 30 层到 1 层，大约 30 秒过去了，项目负责人结束了他的回答，尴尬地说道："大概的情况就是这样，我说明白了吗？"

"不，你没有。"董事长头也不回地走了出去，取消了之后与项目负责人所在的麦肯锡咨询公司的一切合作。

分析

自从上述事件发生之后，麦肯锡咨询公司便要求员工要能在最短的时间内把项目进展表达清楚，每个人要有直奔主题、结论优先的意识和能力。这个故事也以"30 秒电梯理论"的名字广为流传。

在面对面用语言交流时，有的人往往恨不得把所有观点一口气倒给对方，像案例中的那位项目负责人那样。其实大部分人在听报告时，都很难集中注意力超过 20 分钟，再好的演说家也不可能把 10 件事一次性讲清楚，能把一件事讲透或者围绕一个主题提到三五个要点，口头输出的目的就达到了，听众也能获得最好的听觉体验。

尝试

关于如何简洁、高效地表达，前人已经总结了很多成功的范式，我们可以针对自己的情况建立一个表达范式库，并将其不断尝试、内化为自己的表达。

以"30 秒电梯理论"为例，你如何利用 30 秒的时间来介绍自己，从而给对方留下良好印象？基本范式如下：

① 明确表达自己的身份、职业或业务领域。

② 简洁地介绍自己，强调自己的优势、特点或成就。

③ 询问对方的身份、职业、业务领域或兴趣爱好，以建立联系和吸引对方兴趣。

④ 展示积极、自信、亲切并有礼貌的个性特点，让对方感觉到你是一个易于相处、亲近的人。

⑤ 必要的时候，介绍自己的联系方式，以便进行进一步的交流。

又如金字塔表达范式，你需要将要传达的信息按照逻辑关系和重要性从大到小依次呈现，形成一个倒置的金字塔结构，以此更好地向听众传达信息，使其易于理解和接受。其基本范式如下：

① 逻辑梳理。把要传达的信息进行分析、梳理，厘清信息之间的内在逻辑关系。

② 重点突出。总结出最重要的信息及核心观点，突出重点，展现事情的关键所在。

③ 结论先行。在陈述信息时，先讲结论后讲论据，将重要的结论与核心思想放在开头讲述，再逐步拓展细节内容。

④ 遵循顺序。按照由总到分、由整体到细节的顺序组织内容，让听众能够逐层深入地理解所传达的信息。

⑤ 易于理解。使用通用语言、可视化工具等，让信息的表述更加鲜明生动，易于理解和接受。

忽视复盘

第十一章

>> 复盘既是往后看，更是为了往前看

如果成功避开了前文提及的那些个人成长中的陷阱，那么恭喜你，现在你已经到达了成功人士必经之路上的一个重要十字路口，有些人止步于此，而有些人会选择正确的道路，继续往前走。我们已经确定了目标，并为之奋斗许久，为了不让这些努力付之东流，接下来的关键就是回顾我们的经验和教训，并将其转化为我们能力大军中的永久成员，以便指导我们未来的行动——这就是复盘。

我们先要理解复盘的概念和步骤。复盘本是围棋术语，棋手下完棋后大多会对棋局中的招法进行研究，研究棋局中关键招式的得失、是否存在其他选择、每种选择的利弊，以便总结经验和规律，提高棋艺。围棋选手的棋艺提升大多源于复盘和打谱，通过研究自己下过的精彩棋局以及研究前人经典的棋谱来学习。把复盘用于企业经营管理是柳传志先生最先提出来的，指通过对已经发生的事情进行回顾，总结经验教训，从而掌握规律和方法，以便更好地达成终极目标，或者再次发生同类事情时能够更好地处理。

复盘的第一步是“反观”，即将自己从身体中抽离出来，用他者的视角来看自己。所谓“行有不得，反求诸己”，一个完整的复盘行为，就是要在关注自我的同时寻找问题的根源。第二步“反思”则是在反观的基础上去查找漏洞，探究问题的原因，总结经验，从而产生个人知识和能力上的放大效应。

普通人在进行复盘时，往往只停留于前两个步骤，即反观和反思。然而，无论是荀子的“君子博学而日参省乎己，则知明而行无过矣”，还是王阳明的“致良知”理论、曾国藩的“研己”，这些名士大家不论在哪个朝代都强调“反省”，并注重回到内心，通过不断反躬自问的实修实证来弥补“常人”与“圣人”之间的鸿沟。

因此要想从复盘中获得更多的成长，我们必须明确最后一步“反省”的重要性。它是与过去的自我进行对话，能够让自己深入了解自己的内心世界，并明确自身的价值。只有不断反思回顾过去，我们才有可能放眼未来，获得更多的成长。

然而，很多人在复盘时，容易陷入一些误区，我们来一一剖析。

56 似是而非

复盘不是文过饰非，而是还原本质

案例

美国认知心理学家洛夫特斯对自己的弟弟克里斯提起一件并不真实的事件：克里斯 5 岁的时候曾在商场走丢过，除此之外没有其他细节描述。小克里斯对姐姐的话毫不怀疑。几天之后，克里斯“想起了”妈妈把他找回来的时候跟他的对话，甚至绘声绘色地加入了许多细节和感情。后来她在其他受试者身上也做了同样的试验，结果 25% 的受试者和克里斯一样，回想起不存在的“走失”事件。甚至于在被告知其实这一切都是虚构的时候，受试者自己都觉得很惊讶。

这个实验很好地说明了记忆本身的不可靠性，当我们回忆过去时，很有可能会添加一些似是而非的东西，甚至是与现实大相径庭的虚假画面。

分析

在工作中，因为涉及众多参与者，我们所参与的场景通常都相较复杂。因此，工作结束后的复盘要讲究时效性，因为人的记忆会被遗忘，会受其他因素的干扰。及时地进行复盘能把记忆中保存的大量事件细节揭露出来，更忠实地呈现事情的原貌，进而得出更加精准的结论。

复盘中的回顾过程阶段有利于当事人找到问题的真正根源，为此，我们要做到回顾每一个行动及行动背后的思考，回顾过程推进的每一个关键节点，回顾每一个外部与内部条件的变化，回顾对环境变化的分析判断，回顾应对变化所采取的特定措施，回顾每一个关键节点的相应结果。只有将过程像倒推棋局那样“原原本本地再过一遍”，真实的原因才能呈现出来，基于这些原因推演出的经验和规律才更利于自身进一步地改进和成长。为了把握住复盘的及时性，我们要给自己的每次行动过程“留痕”，保存好相关过程文档，大如会议记录、活动计划等重要文件，小如每天进行的个人复盘记录。

值得注意的是，不及时复盘除了可能造成记忆遗忘，还有可能导致记忆“欺骗”。人本身就带有高估自己的基因以及在回忆时选择性记忆、美化自己等倾向，若不及时复盘，我们可能会在多方利益博弈或者个人躲避责任等原因之下“编造”过程，而在这些过程之上总结出来的经验和教训，自然不能信任。

尝试

下表是一张最基础的复盘画布，你可以试着在睡前将它完成。请注意，当天的画布只可以复现当天的场景，不存在“补作业”的情况。

类别	场景复现	分析总结	提出问题	解决方案
学习情况				
人际交往				
工作成果				

57 无效之工

复盘不是逃避现实，而是直面问题

案例

沈总单位的小张在几天前提出辞职，给出的原因是现在工作压力太大，指标完成不理想。

这个理由根本没办法说服沈总，因为小张此前业绩很好，去年在支行开展的信用卡营销竞赛中，甚至夺得了业绩第一名的好成绩，这样一位业务骨干怎么会突然完不成任务了呢？沈总决定抽出时间，专门找小张谈心了解情况。

沈总通过沟通了解到：原来，小张的父亲是某县高级中学的副校长，小张有信用卡营销任务时，就让父亲在学校安排教师办卡，小张的业绩自然格外突出。说到这里时，小张低头握紧了双手："一旦父亲的关系用不上，我的业绩就少得可怜，我已经认识到自己急功近利的错误了。"

"你的错不在这。"沈总将他的离职申请递过去，"你错在选择逃避，错在不去学习如何提高自己的营销能力。"

分析

发现以往工作中存在的优势和不足并不是目的，复盘的意义在于为接下来的行动或决策做准备，其关注点不是“我做错了什么”，而是“我接下来该怎么办”。事实上，复盘相当于自揭伤疤，每个人都不愿意主动承认自己的不足，因此往往会出现撒谎、逃避、避重就轻等情况。

如果自己无法完成复盘，可以请领导或同事担当复盘催化师，在一个经验丰富的复盘主持人、场域引导者、职业顾问等这类角色的帮助下进行复盘，也许会取得更好的效果。

尝试

深度对话这一方法相较于其他复盘措施的独特点在于，它能够加强我们跟别人进行面对面互动的能力。范爱明在《成功自我管理的 29 个工具》一书中总结了将深度对话与讨论相结合的六大步骤，我们可以试着和项目中的成员共同来进行。

步骤	需要解答的问题	拓展 / 分歧（深度对话）	简要 / 集中（讨论）	到下一步之前要做什么
确认并选择问题	我们渴望有哪些改变	存在很多待考虑的问题	提出一个问题并在何为“理想状态”的问题上达成一致	分歧的确定，有关“理想状态”的具体描述
分析问题	是什么阻碍了我们达到理想状态	存在很多有待搞清楚的潜在因素	找出并证实关键原因，列出关键原因	
产生可能的解决方案	我们怎样改变现状	存在很多解决问题的思路、方案	选出可能的潜在解决方案	列出可行方案表

续 表

步骤	需要解答的问题	拓展 / 分歧（深度对话）	简要 / 集中（讨论）	到下一步之前要做什么
选择并规划解决方案	达到目标的最好途径是什么	存在很多衡量可行性解决方案的标准；存在很多如何贯彻并评估选定方案的意见	使用何种标准衡量解决方案；如何贯彻和评估解决方案	贯彻和评估解决方案的计划，制订衡量方案有效的评估标准
贯彻方案	我们是否在按计划进行	贯彻解决例外问题的方案（如有必要）	执行方案	
方案执行的效果评估	该计划的效果如何	共同选定的解决方案的效果如何，找出仍未解决的问题	核定问题是否已被解决，并在未解决的问题上达成一致	

58 氛围不当

在哭泣的时候反思，容易动作变形

案例

惠子是某公司的招商经理，主要负责公司写字楼的招租工作。受多重因素的影响，她的业绩直线下滑，数据颇为难看，眼看着只有几十天的时间，就要迎来年终考核的末位淘汰了，惠子的情绪也因此惶恐不安。

在一次部门集体自查自审的复盘会议上，社长单独拎出了惠子倒数第一的业绩排名，在同事面前严厉地批评了她。惠子实在忍不住哭了出来，连原先准备好的市场调研分析报告都几乎无法汇报，更不用说为部门献计献策了。

会后，惠子带着一种挫败感反思自己的业绩为什么不理想，最后她归根于：自己根本不是干招商的料。为此，她准备向公司提出辞职。

分析

复盘的氛围，应该像医生面对着患者的身体检查结果，冷静分析，而不该像演员，对着剧本夸张地演绎情绪。沉闷、痛苦或兴奋的情绪之下，普通人都无法客观冷静地思考。正如上文提到的惠子，在一种极度不开心、对自己极度否定的情况下，她的反思没有帮助她找到问题所在，反而引导她选择了“辞职”这条逃避之路。

有效的复盘，应当建立在恰当的氛围之下，而恰当氛围的构建又包含多种因素。首先，量化的、目标性强的计划有助于营造稳定安适的氛围。比如首先制订月计划，然后把月计划拆分成周计划，再把周计划对标成日计划，并在后面添加完成进度等可视化内容，方便自己对每天的完成情况有所了解。

其次，拥有开放、包容的心态有助于营造轻松愉悦的氛围，复盘不可能只回顾自身的成功经历，直面失败、坦诚表达、真诚地探询、反思自我，才能真实地剖析问题，从而解决问题。

尝试

复盘不是批斗，也不是一味地自我批评。如果当我们意识到自己的情绪接近失控时，不要轻易对自己下否定性结论，而要等自己的心情平静时用客观的手段来复盘。比如尝试 KISS 复盘模板法。

每周复盘模板

罗列事项	行动计划
本周做得最好的 1～3 件事	1～3 个行动，帮助我持续保持这些优点
1.	>>
2.	>>
3.	>>
本周需要改进的 1～3 件事	1～3 个行动，帮助我不断优化和提升
1.	>>
2.	>>
3.	>>
必须立刻停止的 1～3 件事	1～3 个行动，帮助我改善不良心态和习惯
1.	>>
2.	>>
3.	>>
后续要开始的 1～3 件事	1～3 个行动，帮我开始接下来的行动计划
1.	>>
2.	>>
3.	>>

▲ 图 11-1　KISS 复盘模型

59 应付了事

拒绝套路化与敷衍化的复盘

案例

“复盘总结范文”永远在小舒的搜索记录中占据一席之地。

为了能及时发现自己存在的问题并做好补救措施，小舒所在公司的所有员工每周都要提交一份复盘周报。这本来是个合情合理的任务，但小舒的部门经理格外严苛，不仅将复盘周报变成了复盘日报，还利用复盘的机会对指标落后的员工无限施压。

于是，每天绞尽脑汁寻找自己的问题成了小舒最痛苦的时刻，每天的复盘过程越来越敷衍，甚至出现过同样的套话用了整整一周的情况。

分析

复盘确实对工作或个人成长有着重要意义，但并不是工作中必要的固定流程。复盘要想取得实实在在的成效，就必须有计划、有目标、有步骤，做系统性的、有价值的总结与反思，那种“见招拆招”的总结和“临时起意”的反思是要不得的。

如果复盘落入套路化和敷衍化，它有可能会导致以下弊病：一是缺乏深度思考。当人们过于依赖模板和公式来完成任务时，他们可能会忽略对实际情况的深入分析和理解，这可能导致错误的决策和行动。二是会降低创新性，使得人们总是按照既定的模式来处理问题，而不是尝试新的观点和方法。三是会影响团队协作。如果团队成员都采用相同的套路和模板进行工作，那么他们之间的沟通和协作可能会受到影响，因为每个人都在重复别人的观点和方法。四是会降低工作效率。因为人们需要花费更多的时间来寻找合适的模板，而不是直接面对实际问题。上述案例中的小舒就是这样一个典型的例子。

尝试

以下四个方法可以帮助我们专注于复盘本身，而不是为了完成任务而敷衍。

（1）利用笔记工具

在平时的工作和生活中，可以随时记录自己的想法和感悟，可以是文字、图片或语音等。比如利用手机自带的备忘录等软件时刻记录，这样在复盘时你就可以借鉴这些记录，并更好地回忆自己的思路和想法。

（2）写下复盘思考的过程

将复盘的过程、思考和结论写在纸上或电子文档中，这样在复盘时可以更方便地查看，也可以减轻大脑的负荷，避免遗漏、遗忘。

（3）利用问题清单

在复盘时，可以列出一些问题清单，如“下次如何避免这样的问题出现”“有哪些比较好的解决方案”等问题，使得复盘更具有针对性和实际意义。

（4）定期排除干扰

在复盘时，可以选择更安静和更能专注的环境，避免干扰，在这样的环境中，更容易集中精神进行思考和记录。

60 错误归因

不为失败找外因，才能从挫折中找办法

案例

泰勒和他的妻子从幼儿园里接儿子戴维回家，他们住在公寓的十楼。走进电梯时，他和妻子正在交谈工作上的事宜，而戴维在和他的超人玩偶——他最喜欢的玩具交谈。当他们走出电梯时，戴维不小心踉跄了一下，把手中的超人摔了出去。

这可不是会飞的超人，它正好掉进了电梯门之间的狭窄缝隙里，一直沿着电梯井掉了下去，直到消失得无影无踪。

短暂的愣怔过后，戴维开始号啕大哭起来，泰勒和他的妻子不断拥抱、安慰他，但戴维却挣脱了他们的怀抱，想要去踢早已合上的电梯门。

“戴维，停下来！”妻子厉声制止住了儿子，泰勒却有些犹豫：“他还小，你不让他做点什么，他会哭个不停的。”

妻子看着他的双眼，一字一句道：“不要引导他错误地应对困难。”

分析

失败找外因，理由有千条；失败找内因，理由仅一条。这句话揭示了人性的真实。人们总是喜欢给自己的失败找很多借口，尤其是在工作中，更喜欢推诿责任，把事情撇干净。一旦工作中出现问题，就将其归因于领导无能、下属失职、同事不合。更有甚者，实在找不到合理的理由，就将坏的结果归为命运，抱怨运气不佳，心理学家把人的这种只肯定自我的现象叫自我免疫。心理学家称这种“自我免疫”现象为人的一种自我保护机制，而实际上这种“保护自我”的行为遏制了人们进行冷静思考、复盘和吸取教训的机会。

上文例子中的戴维，他自己不小心将玩偶摔了下去，却将其怪罪于电梯门。现实中，我们很多人都像戴维一样，一想到被领导批评、被客户投诉，满脑子不是对自己行为的反思，而是对领导或客户态度的不满。虽然有时也会觉得自己的工作做得有些不到位，但立马就为自己找出一个原因，比如感冒了、在忙另外一件事、太累了、太相信他人了。所以复盘的时候，我们一定要意识到自身的行为和思维才是导致事情成功或失败的关键因素，而不是外部原因。把失败归咎于外部原因犹如无端指责天气阴晴不定，这样的复盘显然没有实际意义。

尝试

思考一下大脑是如何扭曲我们的关注点，而将问题的发生归因于外部原因的？请在下表中列举一些会蒙蔽你的事件，并注意它们的实际情况是什么，同时也要意识到个人偏见和个人的兴趣有可能会使你将解释问题的理由聚焦于不可控制的因素上面。

错误归因	正确归因
因为我把车驶离路边时看见了我的婆婆，所以撞到了路基。	因为我分心了，所以撞到了路基。

61 缺乏跟进

没有形成闭环的复盘，不是好复盘

案例

关于胡适的留学故事，在网络上有一个片段曾广为流传。据说，胡适在留学期间的日记本上曾有这样的记录：

7 月 4 日，新开这本日记，也为了督促自己下个学期多下些苦功。先要读完手边的莎士比亚的《亨利八世》……

7 月 13 日，打牌。

7 月 14 日，打牌。

7 月 15 日，打牌。

7 月 16 日，胡适之啊胡适之！你怎么能如此堕落！先前订下的学习计划你都忘了吗？ 子曰："吾日三省吾身。"不能再这样下去了！

7 月 17 日，打牌。

7 月 18 日，打牌。

这段文字一时间在网络上走红，不少网友以此自我安慰：

“一代大师胡适尚且如此，何况是我们呢？”

分析

胡适的日记从复盘的角度来看，是一个失败的例子。因为他只做了简单的事实记录和空洞的反思：不能再这样下去了！但最终的结果却依然没有任何改善。这是因为他的复盘缺失了最重要的一环：闭环。这就需要我们在进行回忆、反思之后，必须有评估的动作和改进的举措。只有形成一个完整的闭环，才能实现持续优化和提高。

尝试

那么，如何在复盘时进行合理的评估，并制订出改善计划？我们可以举一个小小的例子：假如你今年的业绩目标是1000万元，到了11月月底，你才完成了800万元。那你要复盘一下，没有达到目标是出了什么问题？距离目标还差的200万元，能不能完成？用什么办法去完成？不能完成怎么办？通过复盘，掌握目标的完成度，进而对下阶段的策略进行调整，确保最终达成目标。

以下为具体步骤：

① 先评估目标与现状，尽可能量化打分（建议 10 分满分制）。

② 列出亮点，在复盘的开始给予自己积极的正向反馈，无形中增加一种力量。

③ 列出不足，这些都是我们未来需改善的重点。

④ 是超额完成、没有完成，还是在执行的过程中产生了巨大的变数，引发出新的目标？

⑤ 为什么会有这样的差距？

⑥ 我负责的工作发挥了哪些价值？

⑦ 优化了哪些流程？

⑧ 节约了哪些成本？

⑨ 扩宽了哪些渠道？

⑩ 哪些步骤没有做好？

⑪ 以后如何改善？

找到问题的根本原因后，不是论功行赏，也不是惩戒追责，而是要进一步找到改进的对策。

宽以待己

第十二章

>> 吃不了自律的苦，就得受平庸的罪

吴军在《见识》一书中指出，绝大部分人在一生中的大部分时间是处于松懈状态的，甚至达不到 80% 的努力程度，在工作、学习和生活上宽以待己，这才给了成功者以超越大部分人的机会，因为成功的人往往能达人所不达，见人所未见。

得到创始人罗振宇在“罗胖 60 秒”的语言记录中讲过一个故事：“有一次，我和严伯钧老师聊天，我说：‘我将来不会逼着我家孩子练钢琴的，要让他们过上幸福的童年生活。’严伯钧却认为如果有条件，还是要培养孩子弹钢琴。他对我说：‘你罗胖的孩子成不了钢琴家几乎是 100% 的，但是，练钢琴不是为了这个，而是为了赠送给孩子一个礼物。’”

严伯钧口中的礼物就是严格地审视自我、约束自己的能力，他将此称为自律。学琴需要长期的自律练习才能得到成就感，这既是一种稀缺的能力，也是童年最难获得的体验。

自律跟人好逸恶劳的天性是相违背的，却决定着一个人的人生高度，隐藏着生命的无限可能。俗话说得好，吃不了自律的苦，就得受平庸的罪。在奔赴成功的路途中，我们既要有能牵引出足够动力的目标，又要有阻止自己退步的底线，严于律己的作用就是督促我们守住底线。

62 半途而废

自律需要行动和过程，更需要检验和反馈

案例

一个月前，林丽从网上买来了自己能找到的最长的清单式便利贴，下定决心为提高自己的英语口语而开始自律打卡。她把便笺贴在电脑屏幕上，只要视线一动，那些“听 50 分钟英语听力”“朗读一篇英语美文”的任务就会跳到眼前。随着打了钩的便利贴越积越厚，林丽却愈发感到茫然无措。

“我像跑轮里的仓鼠，明明在不断往前走，却没有前进过一步。”自从上一次面见外国客户后，林丽感觉自己之前的努力没能转化为良好表现，几乎无法再继续坚持下去了。

分析

“为什么有时感觉自己明明坚持做了很多事，却达不到想要的效果呢？”无数的“林丽们”迷失在了“完成任务”的错觉中，他们认为只要自己听了、看了、做了，就等于实现了自律。至于自己听得用不用心、看了记没记住、做得好与不好，却要等到现实中遇到问题时才会去关注。

而这样的自律恰恰是不够完整的，没有对完成结果做评估和检验，行动的效果就会大打折扣。哈勃望远镜被送入太空用于远距离成像，但获得的图像却模糊不清。天文学家们在反复排查后分析出了一个让他们感到沮丧、愤怒和难以置信的原因：镜子的研磨度不够准确，无法精准地聚焦光线。“美国国家航天航空局先将一台价值数百万美元的设备送入太空，然后才观察它能否正常工作！”无数纳税人质问道，“他们在先前就没有检验过吗？”

同样的问题我们也要问一问自己：在划去一项任务之前，我检验了吗？

尝试

从很多人的自律规划表上，我们只能看到行动，比如“进行晨间运动”，或者更详细的行动“在6:30起床后，进行7分钟的晨间运动”，但实际上我们需要写的东西远远不止这些。

模仿下面展示的模板，试着将目的、要求、行动和检验四个环节都写在自己的记录本上吧。

（1）目的

我要学会更专心地倾听别人。

（2）要求

当别人说话时，我要尽量与其保持眼神交流，不打断他；我要提出适宜的问题，并复述他的回答来使自己更加专注。

（3）行动

每天下班回家后，我要抽出5分钟的时间去倾听家人讲话。

（4）检验

在每个星期五，计算出我成功完成的天数，并反思我倾听的效果。

63 心存侥幸

自律不是间歇式努力，而是慎终如始

案例

“以上数据说明，有规律的运动，如每周3次、每次仅30分钟的有氧运动，对重度抑郁症患者的治疗效果和最有效的精神药物相同。”

“一项关于体育活动和衰老之间关系的大数据分析表明，经常锻炼可以使人患阿尔茨海默病的概率降低52%。”

“锻炼本身，或者作为一种辅助治疗的手段，可以有效地帮助治疗注意缺陷多动障碍。”

原来运动能提供这么多帮助，桑格在浏览完这些研究报告后精神抖擞地制订了自己的锻炼计划：每隔两天就在家附近的健步道上跑两千米，就从明天开始！

然而一个月后，桑格出现在那条健步道上的次数屈指可数。这天晚上本来也是他规定的“运动之夜”，可是他想了想：今年的体检报告显示自己的健康没出什么大问题，自己的体形也算匀称，而且今年才25岁，距离担心患阿尔茨海默病的年纪还很遥远。

“我又没有抑郁症和多动症。”桑格嘟囔着躺倒在了沙发上。

分析

桑格做规律锻炼的热情来得快，去得也快。毕竟对他来说，现实中没有迫切需要解决的烦恼推着自己去行动。如果体检报告的情况不妙，或者同事哪天担忧地问了一声“你是不是胖了”，桑格由此受到刺激，也许会将运动再次提上日程。对年轻的桑格而言，解决身体健康的问题还不是那么迫切。

“问题说不定也没有那么严重”的侥幸心理正是破坏自律的罪魁祸首之一，它会削弱我们完成自身计划的内部动机。回想一下自己过往的经历：“做不做都行”和“不做就不行”的两种情绪，驱使你采取行动的冲击感有多大区别？

侥幸心理很大程度上是由于人类趋乐避苦的本能引起的，还是以桑格夭折的运动计划为例：他躺倒在沙发上的行为，与其原先预期的结果（通过跑步来保持健康）产生了冲突，但躺着的快乐是瞬时产生的，很轻易就能获得，相较而言，运动带来的快乐则需要经历更为漫长的过程，要日积月累才能显现出其收益。因此当两种行为发生冲突时，把身体交给沙发的选择更容易占据上风。

尝试

过于模糊的担忧会被手头随时能取得的快乐冲淡，对此，我们可以通过两个方面的努力来避免自己心怀侥幸：降低起始门槛和提供及时反馈。

在开始一项活动前，大脑会下意识地去评估它的难度与需要付出的努力，如果难度太大、门槛太高，大脑不仅会产生退缩情绪，还会找理由来合理化这种退缩。“跑两千米”让人望而生畏，但“慢跑到小区门口”几乎算不上什么挑战，不妨一开始先将目标放低，直到养成习惯后再逐渐调整目标，最后逐渐超越自己的界限。

我有个朋友曾经坚持了整整一年过午不食，让自己的体重减了几十斤，成为朋友圈中的“减肥神话”。他自己制订的目标是这样的：刚开始坚持三天一个周期不吃晚饭，后来改为五天一个周期。每个周期都做到后，他就买高端鼠标、机械键盘、耳机等喜欢的物品奖励自己。他还发给我不少自己和新设备的合照，当然，我搞不懂什么青轴茶轴，只觉得键盘上五颜六色的灯光很是晃眼，但不得不承认，照片中的他看上去精神奕奕、神采飞扬。

64 从众心理
自律是内心的需要，而非他人的观照

案例

刚进入大学时，小娟还保留着自己在高中的学习节奏，每天六点晨起早读，闲暇时去图书馆看书看到十点闭馆。

有一天晚上，当她抱着书从外面回来时，其中一名舍友笑着对她说："哎哟喂，快看我们寝室的优等生学习回来了。"虽然只是一句调侃，却让小娟心里不舒服起来，她发现舍友们下课后不是忙着追剧，就是忙着玩游戏，还有谈恋爱的。每逢周末，宿舍里几个人都会组团去校外聚餐，只有小娟一个人为了学习而谢绝集体活动，愈加显得自己和她们格格不入。

是不是我做错了呢？小娟决定转换自己的生活节奏，融入舍友们的生活日常。

分析

《华尔街日报》财经专栏作家贾森·茨威格这样写道：“从众是一种强大的思想，甚至能够抵消重力，它产生影响的时间要比持怀疑态度的人预期的时间更长。它就是铭刻在人性中的一部分，将永远与我们同在。”

模仿他人的懒惰和放纵会吞噬自己的斗志，让人被困在短暂快乐的迷宫中，滋生出更多未来将要偿还的痛苦。我们需要用意志力克服“追随他人”的欲望，主动约束自身行为，才能获得内心的充实与安稳，拥有精彩人生。

尝试

对他人的模仿往往会在两种循环之间交替。第一种是消极的循环，在这个循环中，我们会被他人错误的信念吞噬，就像小娟一样；第二种是积极的循环，它能将人们团结在统一愿望之下，并给予彼此精神支持，在这种情况下，人们会开始想要他们之前甚至无法想象的东西，并帮助自己走得更远。

学着用积极的模仿循环来实现自律，你可以尝试下面所描述的思维过程：

① 我想开始健身，因为我的朋友最近开始了一项锻炼计划，看起来不错。

② 这让我想改善饮食，吃得更健康，我不能浪费自己在健身房付出的努力。

③ 所以我会拒绝别人喝酒与吃快餐的社交邀请。

④ 结果是我能一大早起来，充满活力地去健身房，让自己神清气爽地度过一天。

⑤ 我能花更多时间去做更有价值的工作。

65 情绪失控

宁可输给强大的人，不要输给失控的自己

案例

“我们为黄金海岸缺乏创造性和艺术性的发展趋势表示担忧，如果继续维持现状，您很可能会因此失去一颗星。”2003年，两位米其林观察员对法国三星级大厨贝尔纳·卢瓦索做出了这样的评价，并将他的餐厅——黄金海岸的评级从19/20调低至17/20。

不久之后的一个晚上，卢瓦索在厨房中自杀。同样身为法国大厨的阿兰·森德伦斯在两年后依然为卢瓦索的选择感到遗憾：“即便离开了那些欢呼或者谴责的声音，他依然可以做出漂亮又美味的菜肴，并能够把真金白银投入新菜的开发之中。”

分析

情绪为我们的世界带来了丰富的色彩，它既能够带来欢乐

和惊喜，也会带来痛苦与悲伤。美国心理学家威廉·詹姆斯认为情绪会破坏思考，埋葬、扭曲和割裂原本条理清晰的自我要求，并将其带入非理性的深渊。

自律不仅意味着要管理自己的生活习惯与行为，还包括掌控自身情绪。我们都不希望有这样的经历：带着满肚子闷气，绷着脸回家，摔摔打打，看什么都不顺眼，如果和家人住在一起，就会使得全家气氛紧张，不得安宁。第二天继续带着坏情绪上班，又在单位闹得不愉快。情绪失控更糟糕的后果已经在卢瓦索身上发生了，真希望当时有人能拉住他。

尝试

我们的思想和行为背后的情感是什么？是什么样的情感支撑我们做出选择？在我们制订、履行和检验自我要求的过程中，内心深处真正驱动自己的是什么？想一想你在人际关系、社会活动和工作中的行为，以及你珍视的信念和价值观，写下这些领域中引起你情绪失控的一些内容，然后记下自己的行为和感受，这有助于你更好地整理自己的情绪，调整自己的心态。

66 放纵锁链

不自律的行为会引发“连锁效应”

案例

自由撰稿人栗子在办公室里度过糟糕的一天后，精疲力竭地躺在懒人沙发里，喝了杯冰美式来让自己打起精神，为了中和咖啡的苦涩，栗子又拆开了一包新的曲奇饼干。咖啡因很快让她兴奋起来，栗子选择上网浏览新闻页面和购物网站，并且一看就是两三个小时。

发现自己浪费了那么多时间，栗子不得不焦虑地吃下了更多饼干，饼干的糖分让看了一晚上网页的栗子昏昏欲睡，但工作还没有完成，她只能喝下一杯新的咖啡……

分析

放纵的行为不可能独立存在，它们总是紧密相连，共同编织成一张大网，彻底破坏我们的自律计划，带来更加严重的后果。

为了克服工作造成的疲惫，栗子摄入了过量的咖啡因，而苦涩的咖啡又让她不受控制地吃下曲奇饼干，并开始无节制地浏览网页，饼干的糖分和上网又使得栗子昏昏欲睡。链条又回到了最初的一环，为了克服疲态，她只能喝下更多咖啡。

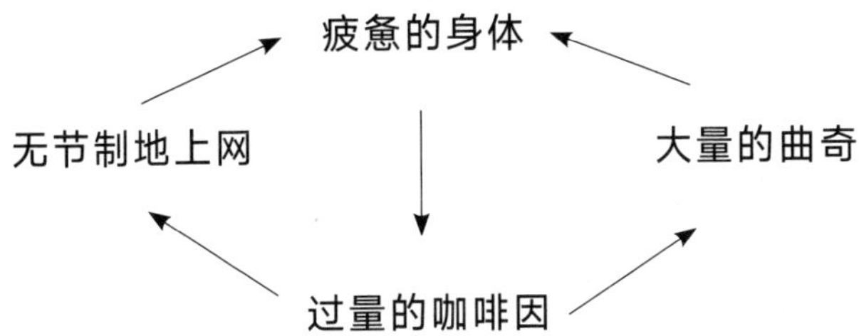

▲ 图 12-1 栗子的放纵链条

可能在一开始，栗子的咖啡因摄入量还处于自己的约束范围之内，但链条环环相扣之后，栗子为了完成工作不得不打破约束。这也是很多人没有办法长期坚持自律的原因之一，一处小小的疏漏很快会摧毁整个精心搭建的自律框架。

尝试

放纵行为和自律行为之间的重大差异在于，放纵行为是在不恰当的情况下寻求内心需求的满足,而自律行为则是有目的、有计划地去实现自己的目标和愿景。为了更好地做到自律，我们应该认清自己行为背后的真实渴望，并采取针对性的行动。例如，在自己的自律计划中添加对应的行为，以满足需要，同时避免放纵行为对自我造成的伤害。

深层次的充实感	不当的满足方法
更强的积极性	过量的咖啡因
更多的宁静	过度睡懒觉
更多的知识	无节制地上网
更多的满足感	大量的曲奇饼干
更多的归属感	无节制地聊八卦
更多的爱	放纵的感情生活